GÜTERSDIE
LOHERVISION
VERLAGSEINER
HAUSNEUENWELT

KINDER GOTTES DIENST praktisch 2018

Mit Kindern Glauben feiern und verstehen

Eine Arbeitshilfe zum Plan für den Kindergottesdienst

Herausgegeben von Eva Forssman

unter Mitarbeit von Susanne Betz, Annette Deyerl, Doris Dirwald, Karl-Heinz Dirwald, Eva Forssman, Christine Grans, Beate-Michaela Jöst, Andreas Kraft, Karin Lechner, Janine Lobenhofer, Gottfried Mohr, Susanne Paetzold, Dirk Schliephake und Christine Wolf

GÜTERSLOHER VERLAGSHAUS

DIE VISION EINER NEUEN WELT

Bibliografische Information der Deutschen Nationalbibliothek
Die Deutsche Nationalbibliothek verzeichnet diese Publikation in der Deutschen Nationalbibliografie; detaillierte bibliografische Daten sind im Internet über https://portal.dnb.de abrufbar.

FSC
www.fsc.org
MIX
Papier aus verantwortungsvollen Quellen
FSC® C005833

Verlagsgruppe Random House FSC® N001967

1. Auflage

Umschlagmotiv: © Michaela Steininger – Fotolia.com
Druck und Einband: Těšínská tiskárna, a.s., Český Těšín
Printed in Czech Republic
ISBN 978-3-579-07494-8

www.gtvh.de

Inhaltsübersicht 2018

Folgende Liederbücher finden im Rahmen der Kindergottesdienstarbeit immer wieder Verwendung. Auf sie wird innerhalb einzelner Beiträge hingewiesen:

KG	Andreas Ebert, Das Kindergesangbuch …, München 1998
KiKiHits	Reinhard Horn u.a., Kinder-Kirchen-Hits, Lippstadt 2008
KIMMIK 1 u. 2	Liederheft *Kirche mit Kindern* (KIMMIK 1 und 2), Arbeitsstelle Kindergottesdienst der Ev. Kirche Hannover, Hildesheim
LH 1 u. 2	Liederheft für *Kirche mit Kindern* 1 und 2. Arbeitsbereich Kindergottesdienst im Michaeliskloster Hildesheim
MKL 1 u. 2	Menschenkinderlieder Band 1 + 2, Zentrum für Verkündigung, Frankfurt a.M.

Vorwort

Liebe Mitarbeitende in der Kirche mit Kindern,

Mit großer Freude habe ich die sehr verschiedenen, kreativen Beiträge zusammengestellt. Die Materialien für die Kindergottesdienste im Jahr 2018 sind so vielfältig, dass wir Ihnen wieder anbieten, Zusatzmaterial aus dem Internet herunterzuladen. Im Buch weist das Symbol darauf hin, dass auf der Website www.kindergottesdienst-praktisch.de farbige Fotos, Bastel- und Backanleitungen, Kopiervorlagen und weitere liturgische und kreative Ideen zu finden sind.

Kreative Menschen aus der Kirche mit Kindern in ganz Deutschland haben reiche und bunte Gottesdienste für Kinder entwickelt, entlang dem »Plan für den Kindergottesdienst«, den der Gesamtverband verantwortet. Die große Erfahrung unserer Autorinnen und Autoren, die Liebe zu den Kindern und zur Kirche mit Kindern spiegelt sich in den Entwürfen. Schon das Durchblättern macht Lust darauf, die Ideen im eigenen Praxisfeld umzusetzen. Möge Ihnen und Ihren Kindergottesdiensten dieses kleine Büchlein ein großer Nutzen sein.
So zeigt der Entwurf von Susanne Paetzold zur Passionsgeschichte, wie aus Holzbohlen und Drahtbügeln ein beeindruckender Passionsweg entsteht. Christine Grans hat bewegende liturgische Stücke zusammengestellt. Annette Deyerl schenkt Vorlagen zum Erzählen mit dem Kamishibai. Doris Dirwald zeigt, wie man einen Adventsweg mit den Weisen aus dem Morgenland gestalten kann. Und wie gewohnt gibt es viele Anregungen zu Spielen und Lieder.

Betroffen nehmen wir Abschied von unserem langjährigen Autor Pfarrer Karl-Heinz Dirwald. Viele Jahre förderte und begleitete er den Kindergottesdienst mit seinen Entwürfen in *Kindergottesdienst praktisch* auf liebevolle und inspirierende Weise. Dafür schulden wir ihm großen Dank. Kurz vor seinem Tod hat er noch den Entwurf zu den Wüstengeschichten geschrieben. Der Zuspruch und die Ermutigung für die Kinder, auch in Wüstenzeiten die Hoffnung nicht zu verlieren, sind sein letztes Geschenk an uns. Auch hierfür sei ihm an dieser Stelle noch einmal gedankt.

Mein herzlicher Dank geht an alle, die an diesem Band mitgewirkt haben, für ihre Ideen, ihr Engagement, ihre Zeit und für ihre Geduld.

Allen Mitarbeitenden der Kirche mit Kindern wünsche ich viel Freude beim Entdecken, Auswählen und Durchführen. Möge Gottes Segen auf Ihren Gottesdiensten und Aktionen liegen, gebe Ihnen sein Geist Esprit und Fröhlichkeit.

Ihre
Eva Forssman, Herausgeberin

Jesus – was ist das für ein Mensch?

07.01.2018
(1. nach Epiphanias)
Jesus: Neugierig
(Lukas 2,41-52)

14.01.2018
(2. nach Epiphanias)
Jesus: Mächtig
(Matthäus 8,23-27)

21.01.2018
(Letzter Sonntag nach Epiphanias)
Jesus: Sanftmütig
(Markus 10,46-52)

28.01.2018
(Septuagesimae)
Jesus sättigt
(Matthäus 14,13-21)

Didaktische Klammer – Hinführung

Jesus, was ist das für ein Mensch? Diese Frage stellten sich die Menschen zur Zeit Jesu ebenso wie kleine und große Menschen heute. In den biblischen Geschichten dieser Reihe werden verschiedene Aspekte von Jesus als »Menschenbruder« und als Sohn Gottes beschrieben.

In der biblischen Erzählung vom zwölfjährigen Jesus im Tempel lernen wir einen neugierigen und wissbegierigen Jungen kennen, der sich gut in den alten Schriften auskennt. Dazu können die Kindergottesdienstkinder Einblicke in den »alten Tempel« bekommen und zugleich mit einer Entdeckung im Kirchenraum und mit einem Bibelquiz eigene spirituelle Erfahrungen machen.

»Mächtig und stark« wird Jesus in der Geschichte von der Sturmstillung dargestellt.

In einem Hörspiel können die Ängste und die wundersame Erfahrung der Jünger von den Kindern nachempfunden werden.

Sanftmütig begegnet Jesus dem blinden Bartimäus, der mit Jesus eine wundersame Erfahrung macht und staunend die Welt in einem neuen Licht erkennen kann.

Mit Bildern von Kees de Kort können die Mädchen und Jungen im Kindergottesdienst in diese Erfahrung hineingenommen werden. Danach haben die Kinder die Möglichkeit, mit Zauberkreide Gottes Welt der Wunder zu gestalten.

In der Geschichte von der wundersamen Brotvermehrung »sättigt« Jesus kleine und große Menschen mit Brot und mit Gottes Wort. Mit Bildkarten im Erzähltheater Kamishibai wird den Kindern diese Wundergeschichte erzählt. Mit der anschließenden »Teilaktion« schmecken alle etwas von der Freundlichkeit Gottes.

Ein Gebet mit Kehrvers und Liedvorschläge rahmen die Bausteine zur Jesus- Reihe.

Liturgische Gestaltung

Zusammenkommen – sich Gott zuwenden

(für die gesamte Einheit)

Votum

Wir zünden die »Jesus–Kerze« an mit den Worten:

Wir sind zusammen im Namen Gottes, der dich und mich geschaffen hat,
im Namen seines Sohnes Jesus Christus, der Gottes Liebe in die Welt getragen hat,
und im Namen des heiligen Geistes, der uns miteinander verbindet.
Amen

Gebet mit Kehrvers

KV: Jesus, Sohn Gottes, begleite uns mit deinem Licht und deiner Liebe!

Jesus, du kamst als kleines Kind und als Gottes Sohn in unsere Welt,
Du willst uns nahe sein wie ein Bruder, eine Schwester
und bringst Gottes Licht in unsere dunkle Welt.
Dafür danken wir dir und bitten dich:

KV: Jesus, Sohn Gottes, begleite uns mit deinem Licht und deiner Liebe!
Jesus, du hast kleinen und großen Menschen von Gottes Liebe erzählt.
Mit deinen Jüngerinnen und Jüngern warst du unterwegs und hast sie begleitet auch durch stürmische Zeiten.
Du bist auch an unserer Seite, jeden Tag, jede Nacht, dafür danken wir dir und bitten dich:

KV: Jesus, Sohn Gottes, begleite uns mit deinem Licht und deiner Liebe!
Jesus, in deiner Nähe werden Menschen heil und gesund,
du gibst uns allen Gottes Liebe weiter, bei dir bekommen wir alles, was wir zum Leben brauchen.
Dafür danken wir dir und bitten dich:

KV: Jesus, Sohn Gottes, begleite uns mit deinem Licht und deiner Liebe!

Hören und Antworten

Lieder zur Reihe :
Eines Tages kam einer (KG 45)
Fünf Brote und zwei Fische (KG 49)
Gib uns Ohren, die hören (KG 195)
Halte zu mir, guter Gott (KG 8)
Hört, wen Jesus glücklich preist (KG 53)
Selig seid ihr (KG 127)

Kreative Ideen

Zu Lukas 2,41-52: Der zwölfjährige Jesus im Tempel

Wie sah es damals im Tempel aus?
Der Junge Jesus kennt sich gut im Tempel, im Gotteshaus aus.
Der Tempel in Jerusalem sah zur Zeit von Jesus anders aus als unsere Kirchen heute. Bilder und Infos vom Tempel können den Kindern helfen, sich gut in die Geschichte hineinzudenken. Hilfreiche Erläuterungen und Darstellungen finden sich in dem Bilderbuch von Maike Paul: »Tempel, Burgen und Paläste in der Bibel« SCM R. Brockhaus Witten (ISBN 978-3-417-26416-6) und im Bibellexikon des Bibellesebundes (ISBN 978-3-438-04685-7).

Wir entdecken unseren Kirchenraum und gestalten ein Bibelquiz
Falls die Kirche zur Verfügung steht, kann die Kindergottesdienstgruppe Entdeckungen und Erkundungen im eigenen Kirchenraum machen:

- Wie viele Menschen finden auf den Stühlen/Bänken Platz?
- Wie hoch, wie viele Schritte lang, wie viele Schritte breit ist die Kirche?
- Wie lange steht die Kirche schon an diesem Ort?
- Was gibt es in der Sakristei zu sehen?
- Wie viele Glocken gibt es?

Wo solche Erkundungen nicht möglich sind, können sich die Kinder mithilfe von Quizfragen mit den biblischen Geschichten beschäftigen.
Gute Anregungen gibt es in: »Das Kirche-entdecken-Bibel- und Kirchenquiz« von Uli Geißler auf der Internetseite www.kirche-entdecken.de

Zur Geschichte von Jesus und den Jüngern im Sturm (Matthäus 8,23-27)

Hörspiel gestalten
Die Geschichte von der Sturmstillung kann mit den Kindern und/oder dem Kindergottesdienstteam als » Hörspiel« gestaltet werden.

Ein Erzähler/eine Erzählerin liest dazu den biblischen Text in Abschnitten aus einer Kinderbibel oder aus der Basisbibel.

»Jesus stieg in das Boot und seine Jünger folgten ihm.
Sieh doch: Da brach plötzlich ein starker Sturm auf dem See los, und die Wellen drohten, das Boot unter sich zu begraben.
Aber Jesus schlief. Die Jünger gingen zu ihm und weckten ihn.
Sie riefen: »Herr rette uns! Wir gehen unter!«
Jesus sagte zu ihnen: »Warum habt ihr solche Angst? Ihr habt zu wenig Vertrauen!«
Dann stand er auf und bedrohte den Wind und den See. Da wurde es ganz still.
Die Leute wunderten sich und sagten zueinander: »Wer ist er eigentlich? Sogar der Wind und die Wellen gehorchen ihm.«

(Basisbibel)

Die Gruppe setzt die Abschnitte des Textes dann akustisch um. Dafür eignen sich Orffinstrumente und Rasseln, Windheuler, Regenmacher, Töpfe, Schüsseln, Boomwhackers u.Ä. Besonders spannend wird es, wenn die »Geräuschemacher« in der Kreismitte sitzen und die Zuhörenden abgewandt/mit dem Rücken zu ihnen sitzen und die Augen geschlossen halten.

Zur Geschichte von der Heilung des blinden Bartimäus (Markus 10,46-52)

Die Geschichte von Jesus und Bartimäus wird mithilfe der eindrücklichen Bilder von Kees de Kort erzählt. (Die kleine Kees de Kort-Bibel, Deutsche Bibelgesellschaft, Stuttgart 2011)

Mit den Kindern überlegen wir, was Bartimäus nun alles staunend sehen und entdecken kann. Danach gestalten wir ein

Bild mit »Zauberkreide«
Die Kinder gestalten gemeinsam ein » Wunderbild« mit Zauberkreide (in Zucker und Wasser mehrere Stunden eingelegte bunte Kreide). Auf einem großen schwarzen Fotokarton (so dunkel sah früher die Welt von Bartimäus aus) malen die Kinder all das, was der Mann nun sehen kann.

Jesus – sättigt (Matthäus 14,13-21)

Brötchenbackaktion
Wir backen in der Kigogruppe »schnelle« Brötchen und teilen diese z.B. mit den Kigokindern/mit der Erwachsenengemeinde, daheim mit Familie und Nachbarn.

Rezept *(reicht für ein Blech Brötchen)*
1 Würfel Hefe, 1 EL Honig, 600 ml Wasser, 1 EL Salz, 1 kg Mehl
Die Hefe wird mit dem Honig vermischt, Wasser und Salz kommen dazu und unter ständigem Rühren wird das Mehl dazugegeben.
Kleine Brötchen formen, auf ein Blech mit Backpapier legen und im nicht vorgeheizten Ofen bei 200 Grad ca. 25 Minuten backen.

Kamishibai- Erzähltheater
Die biblische Geschichte von den vielen Menschen, die durch Jesu wunderbare Teilaktion satt werden, gibt es auch als Bildkarten für das Erzähltheater »Kamishibai« unter dem Titel: »Die wundersame Brotvermehrung«, Don Bosco Verlag. (Erzählrahmen und Bildkarten finden sich oft auch in den Medienstellen)

Mithilfe der Bildkarten lässt sich die Geschichte eindrücklich erzählen oder vorlesen. Im Anschluss daran können Fladenbrot und Äpfel oder Ähnliches geteilt werden.

Stichworte:
Heilung, Jesus, teilen, Tempel, Wunder

Christine Wolf

Familie = Mutter + Vater + Kind(er)?

04.02.2018
(Sexagesimae)
Eine Mutter
(1 Könige 3,16-27)

11.02.2018
(Estomihi)
Ein Vater
(Johannes 4,46-53)

18.02.2018
(Invocavit)
Zwei Geschwister
(1 Mose 25,21-28[29-34])

25.02.2018
(Reminiscere)
Familie ist mehr
(Markus 3,31-35)

Das Thema Familie betrifft alle Kinder existentiell. Die Familie ist ihr Lebensmittelpunkt. Die meisten Kinder erzählen gerne von ihrer Familie. Trotzdem braucht das Gespräch über die Familienverhältnisse der Kinder Taktgefühl. Wichtig ist das Zuhören ohne Wertung und das Wahrnehmen der bunten Vielfalt in den Familienverhältnissen.
Der Zusammenhalt zwischen Mutter und Kind, Vater und Kind, Brüdern und Schwestern, Verwandten, Freunden und Nachbarn ist in seiner Tiefe ein immer neu zu bestaunendes Wunder.
Gegen allen Streit und alles Zerbrechen, trotz vieler Reibungspunkte, Spannungen und Konflikte in und von familiären Beziehungen gibt es dieses Wunder des Familienzusammenhalts.
Diese menschliche Gemeinschaft können wir als besonderes Gottesgeschenk begreifen.
Die vier biblischen Geschichten stellen unterschiedliche Bezugspersonen in der Familie in den Mittelpunkt: Mutter, Vater, Geschwister, Freunde.

Liturgische Gestaltung

Hören und Antworten

Gebet für die Familie

Danke für die Familie.
  Wir sind gerne zu Hause.
  Wir bekommen, was wir zum Leben brauchen.
  Wir sind nicht allein.
  Und doch gibt es oft Probleme in den Familien.

Wir beten für Familien, in denen Streit ist.
Wir beten für Familien, die nicht genug Geld haben.
Wir beten um Familien, die einen Menschen verloren haben.

(1) Danke für die Mütter.
Wir können zu ihnen kommen, wenn wir traurig sind.
Sie wissen oft, was uns gut tut.
Sie sind Immer für uns da.
Wir beten für Mütter, die sich Sorgen um ihrer Kinder machen.
Wir beten für Mütter, die zu viel zu tun haben.
Wir beten für Mütter, die krank sind.

(2) Danke für die Väter.
Sie verstehen uns, wenn wir uns selbst nicht verstehen.
Sie kümmern sich um uns und lassen uns nicht allein.
Sie teilen mit uns Freude und Leid.
Wir beten für Väter, die überfordert sind mit ihren Aufgaben.
Wir beten für Väter, die getrennt von ihren Kindern leben.
Wir beten für Väter, die sich mit ihren Kindern nicht verstehen.

(3) Danke für die Geschwister.
Wir können mit ihnen spielen.
Wir können ihnen vieles erzählen.
Wir können uns an ihnen messen und von ihnen lernen.
Und doch gibt es oft Zank und Streit unter Geschwistern.
Wir bitten um die Kraft der Versöhnung, wenn Streit war.

(4) Danke für Freunde, Nachbarn und Verwandte.
Wir fühlen uns getragen von vielen Menschen,
die es gut mit uns meinen und für uns da sind, wo sie können.
Wir bitten dich: Erhalte die Freundschaft.
Lass uns füreinander Verantwortung übernehmen und hilf uns,
dass wir einander nicht aus den Augen verlieren.

Das Gebet nimmt die vier Themen der vier Sonntage auf und kann deshalb von Sonntag zu Sonntag wachsen.

Sendung – Segen

Segen
Segne und behüte uns.
Segne unsere Mütter und Väter, Geschwister und Freunde.
Schau uns freundlich an
in unseren Familien und in unseren Häusern.
Schau nach uns
und stärke unsere Gemeinschaft.
Gib Frieden in unserer kleinen und in der großen Welt.
Amen.

Kurzgeschichte

Eine ganz normale Familie

Hans wünscht sich ein Geschwisterchen. Seine Schulfreunde haben Geschwister, nur er nicht. Hansis Mutter sagt: »Wo soll ich das herkriegen? Ich bin eine alleinerziehende Mutter.«
»Und ich bin ein alleingelassenes Kind!«, sagt Hans traurig.
Sonst geht es Hans gut mit seiner Mutter. Mittags kommen Hans und seine Mutter gleichzeitig nach Hause, er von der Schule, sie von der Arbeit. Dann macht er Hausaufgaben und sie Hausarbeiten. Danach unternehmen sie was. Zweimal die Woche geht er zu Oma und Opa, wenn Mutter länger arbeiten muss.
Alles wird anders, als Mutter Rolf kennenlernt. Rolf kommt oft am Abend und an den Wochenenden. Mutter denkt viel an Rolf und weniger an Hans. Hans findet Rolf nett. Er ist sein großer Freund, der mit ihm Fahrrad fährt und auf den Fußballplatz geht.
Ein halbes Jahr später wohnt Rolf bei Mutter und Hans.
Und eines Tages sagt Mutter: »Hans, du bekommst ein Geschwisterchen!«
Eigentlich hatte sich Hans das anders vorgestellt. Er wollte das Geschwisterchen alleine haben und nicht mit Rolf, dem Vater des Kindes, teilen. Aber er freut sich trotzdem und kann es kaum erwarten, bis das Mädchen auf die Welt kommt.
»Das ist dann meine Halbschwester«, sagt er oft.
Lisa kommt auf die Welt. Wieder wird alles anders für Hans. Er ist jetzt oft bei Oma und Opa; und Oma und Opa sind oft bei ihm und kümmern sich um das Baby. Alles dreht sich um Lisa und Mutter hat kaum noch Zeit für ihn.
»Jetzt habe ich eine Halbschwester, aber nur noch eine halbe Mutter!«, protestiert er.

Und dann wird Lisa krank und muss ins Krankenhaus. Mutter bleibt auch über Nacht im Krankenhaus bei Lisa. Hans ist tagsüber bei den Großeltern, abends mit Rolf zu Hause. Rolf macht sich große Sorgen und lässt oft das Essen anbrennen. Manchmal muss Hans nachts weinen, weil er seine Mutter vermisst. Dann denkt er: »Ich war mal ihr Ein und Alles, und jetzt ist sie ganz und gar weg.«
Am Wochenende ist Rolf den ganzen Tag im Krankenhaus und Hans bei Rolfs Fußballfreunden. Die haben ein Erlebniswochenende vorbereitet. Hans darf zum ersten Mal zu einem Bundesligaspiel ins Stadion.
Drei Wochen später ist Lisa wieder gesund. Mutter und Rolf holen Hans von der Schule ab mit Lisa im Kinderwagen. Hans ist glücklich. Er darf den Kinderwagen schieben. Mutter und Rolf laufen neben ihm.
»Wir sind eine ganz normale Familie«, denkt Hans: »Ich und meine Mutter, Lisa und Rolf, meine Halbschwester und mein Halbvater!«

Gottfried Mohr

Kreative Ideen

Unser Familienbild – Eine kreative Erzählrunde

1. Die Geschichte: Eine ganz normale Familie
Wir lesen die Geschichte *(siehe Seite 15f.)* vor. Sie soll den Einstieg bilden und einen Anstoß, über unterschiedliche Familiensituationen zu sprechen und nachzudenken.

2. Ein Bild von meiner Familie malen

Zeichnung: © Gottfried Mohr

Wir geben den Kindern ein Blatt mit einem Schmuckrahmen und bitten sie, ein Bild von ihrer Familie zu malen. Es kommt weniger auf die Schönheit des Bildes an als darauf, dass alle drauf sind, die zur Familie gehören.
Wir können auch leere Blätter austeilen und bei dem nachherigen Gespräch das Bild in die Mitte in einen leeren Schmuckrahmen legen.

3. Gespräch: Meine Familie
Jedes Kind, das möchte, darf sein Bild und damit seine Familie vorstellen.

4. Familienbild
Wer möchte, darf zum nächsten Kindergottesdienst ein Familienbild von seiner Familie mitbringen und den anderen zeigen.

Wichtig ist, dass bei diesen Gesprächen über die Familie keine Wertungen vorgenommen werden. Es geht nicht um eine gute oder weniger gute Familie, sondern um die bunte Vielfalt der Familien, in denen die Kinder leben.

Von den Rollen in den Familien – Plakate
Vier Plakate werden vorbereitet (*wenn voraussehbar ist, dass Kinder mit gleichgeschlechtlichen Eltern anwesend sein werden, sollte sich das Team eine dafür passende Lösung überlegen*):

Zeichnungen: © Gottfried Mohr

Die größeren Kinder schreiben spontan Begriffe und Gedanken auf, die ihnen zu den vorgegebenen Themen einfallen. Die kleineren Kinder sagen, was ihnen einfällt; die Mitarbeiterinnen und Mitarbeiter schreiben es für sie auf.
Die vier Plakate werden jeweils an den entsprechenden Sonntagen gestaltet.

Fortsetzung erfinden
Die biblischen Geschichten eignen sich vor allem, wenn die Kinder sie nicht kennen, sie an der spannendsten Stelle zu unterbrechen, und die Kinder zu bitten, eine Fortsetzung zu erfinden:

1. *Sexagesimae: Eine Mutter (1 Könige 3,16-27)*
   Erzählt wird die Geschichte bis Vers 23.
   »Welches Urteil würdet ihr fällen, wenn ihr König Salomo wärt?«

2. *Estomihi: Ein Vater (Johannes 4,46-53)*
   Erzählt wird die Geschichte bis Vers 49.
   »Wie geht die Geschichte weiter?«

3. *Invocavit: Zwei Geschwister (1 Mose 25,21-28[29-34])*
   Erzählt wird die Geschichte bis Vers 26.
   »Wie war das Verhältnis der Brüder, als sie älter wurden und als sie erwachsen wurden? Ihr dürft euch dazu Geschichten ausdenken.«

4. *Reminiscere: Familie ist mehr (Markus 3,31-35)*
   Nach der Geschichte stellen wir uns vor, wie die Mutter Jesu, seine Brüder und Schwestern sich miteinander unterhalten über das, was Jesus zu ihnen gesagt hat. Man kann das auch als Rollenspiel spielen.

Stichworte:
Familie, Geschwister, Gemeinschaft, Sorge und Fürsorge

Gottfried Mohr

Passion und Ostern nach Matthäus – Mit Jesus vom Tod ins Leben

04.03.2018
(Okuli)
Jubel um Jesus
(Matthäus 21,1-11)

11.03.2018
(Laetare)
Jesus wird gesalbt
(Matthäus 26,6-13)

18.03.2018
(Judika)
Judas verrät Jesus
(Matthäus 26,1-5.14-16.47-50)

25.03.2018
(Palmarum)
Petrus scheitert
(Matthäus 26,31.35.69-75)

29.03.2018
(Gründonnerstag)
Jesus teilt mit den Jüngern Brot und Wein
(Matthäus 26,17-30)

30.03.2018
(Karfreitag)
Jesus stirbt
(Matthäus 27,33-56)

01./02.04.2018
(Ostern)
Neues Leben für Jesus
(Matthäus 28,1-10)

Einzelgottesdienst

»Theologisch – liturgisch – gestalterisch«

Mit Jesus vom Tod zum Leben vom Evangelisten Matthäus auf die Spur gesetzt. Vom Jubel um Jesus bis zu seinem Tod begegnen wir Menschen in Jesu Nähe: der Frau, die Jesus salbt, Judas, der ihn verrät, Petrus, der scheitert, und den Jüngern beim Abendmahl. Besonders wertvoll an dieser Reihe ist, dass der Evangelist Menschen ins Zentrum stellt, die mit Jesus auf seinem letzten Weg leiden. Scheitern, Angst und Schuld nehmen einen großen Raum ein und sind schwere Themen. Gerade heute, wo Erwachsene diese Themen schwer aushalten können und gerne mit Tablet und Computerspielen trösten oder ablenken, ist es wichtig, Kindern diese Räume zu öffnen. Ein Leben ohne Angst, Verrat und Tod gibt es nicht. Aber am Ende wissen wir: Jesus lebt! Diese Botschaft wird verknüpft mit dem Engelwort »Fürchtet euch nicht!«

Wir feiern diese Momentaufnahmen: Salbung, Essen und Ostern und folgen den Glaubensspuren in unser Leben, entfalten Gottesdienste, in denen die Kinder zu Wort kommen mit ihren Fragen und Erfahrungen. In der Liturgie der Gottesdienste begleitet uns das Lied »Manchmal ist meine Angst riesengroß« von Bernd Schlaudt *(siehe Seite 20)*. Es ist kraftvoll und eine Möglichkeit, gemeinsam als Chor miteinander Worte auszudrücken und zu tönen. Ostern ist ein Schöpfungsakt, Gott schafft neues Leben. Gemeinsam mit vielen Christen stimmen wir ein in das große Lob der Neuschöpfung. Mit Jesus können wir immer wieder neu ins Leben gehen!

Lied: Manchmal ist meine Angst riesengroß

Text und Melodie: Bernd Schlaudt, © beim Autor

Liturgische Gestaltung

Zusammenkommen – sich Gott zuwenden

Votum

Wir richten uns aus, Gott, zu dir.
Gott des neuen Lebens.
Wir atmen ein –
Wir atmen aus –
Wir kommen zu dir, Gott,

mit dem, was uns bewegt,
mit dem, was uns freut, und
mit dem, was uns traurig macht.
Komm zu uns, Gott.

Hören – Antworten

An Ostern stimmen Christen ein in das große Lob der neuen Schöpfung. Ostern als Fest des Neuen Lebens.

Schöpfungspsalm mit Bewegungen

Den Kehrvers lernen alle auswendig und sprechen ihn gemeinsam:

Alles, was lebt, *(Finger krabbeln und wackeln)*
kommt, Gott, von DIR. *(Arme öffnen und nach oben strecken)*
Du machst die Sonne, den Mond und die Sterne.
Du machst Tag und Nacht.

Alles, was lebt, *(Finger krabbeln und wackeln)*
kommt, Gott, von DIR. *(Arme öffnen und nach oben strecken)*
Du machst die Tiere, die im Wasser leben.
Du machst die Tiere, die durch die Lüfte schweben.

Alles, was lebt, *(Finger krabbeln und wackeln)*
kommt, Gott, von DIR. *(Arme öffnen und nach oben strecken)*
Du machst die Pflanzen auf dem Feld.
Du machst die Bäume mit ihren Früchten.

Alles, was lebt, *(Finger krabbeln und wackeln)*
kommt, Gott, von DIR. *(Arme öffnen und nach oben strecken)*
Du machst Menschen und Tiere.
Du machst, was wir zum Leben brauchen.

Alles, was lebt, *(Finger krabbeln und wackeln)*
kommt, Gott, von DIR. *(Arme öffnen und nach oben strecken)*
Du, Gott, Schöpfer des Lebens –
Du bist das Leben.

Alles, was lebt, *(Finger krabbeln und wackeln)*
kommt, Gott, von DIR. *(Arme öffnen und nach oben strecken)*

Sendung – Segen

Salbung der Kinder

Segen kann man spüren. Ein guter Duft umfange dich, belebe dich und stärke dich. Der Gott Abrahams spricht: »Ich will dich segnen und du sollst ein Segen sein«.

Zum Schluss singen wir uns den Segen gegenseitig zu mit dem Lied: »Und Gott segne dich Anna (3 x ...), nimm den Segen mit nach Haus/ ... in den Tag« zur Melodie von Kumbaya my Lord.

Kurzgeschichten

Vom Tod ins Leben. Immer wieder aufstehen, auf-erstehen mitten im Alltag. Der Stein ist weg. Bei einer Ferienaktion mit einem Steinmetz leihen wir uns Worte aus den Psalmen und das Lied »Manchmal ist meine Angst riesengroß«. Im Laufe der Woche haben die Kinder beim Arbeiten am Stein solche Auferstehungsgeschichten erzählt. Mitten heraus aus ihrem Familienleben.

Mit Knüpfel und Eisen steht Emilie vor ihrem Stein. Ein gleichmäßiges Klopfen tönt durch den Innenhof des Klosterhofes.
Neben ihr steht Marius und weiß nicht weiter. »Was soll ich da reinhauen?«
»Ich habe kein Bild für Schmerz.« Seit drei Tagen steht er an seinem Stein.
»Wird das eine Treppe?«, fragt Emilie. »Dann können wir auf den Schmerz draufsteigen und du schreibst noch ein Wort dazu.«
Marius grummelt vor sich hin. Er kann gar nichts damit anfangen: Schmerz und Aussatz. Es sind Ferien. Marius linst um die Ecke.
»Das ist ein Engel, der seine Flügel ausbreitet, wie einen großen Mantel«, lächelt Emilie. Ja, man sieht's. Heute ist es nicht mehr nur ein Bild, heute geht es schon tiefer. Marius wechselt das Eisen und klopft in den Stein. Dicke Steinbrocken lösen sich heraus. Das geht tief. Steineklopfen macht Spaß. Tock, tock, tock … tönt es unentwegt weiter.
Jetzt fängt es auch noch an zu regnen. Marius grummelt: »Na, wenigstens staubt es jetzt nicht so viel.«
Emilie mischt sich ein: »Ich denke gerade an meinen Opa.« – »An deinen Opa?« – »Ja, mein Opa, der hat eine Geschichte im Krieg erlebt. Er hat mit einer Schaufel ein Loch ausgehoben. Als er fertig war, stand der Soldat mit einem Gewehr hinter ihm.«
Marius hört auf zu klopfen und schaut hoch.
Emilie erzählt ruhig weiter: »Ja, und dann hat der Soldat seine Zigarette in das Loch geworfen und hat gelacht. Mein Opa musste das Loch wieder zuschaufeln.«

Marius nimmt den Knüpfel und klopft weiter. Es geht tief in den Stein. Eine Weile klopfen die beiden vor sich hin.
»Mir fällt ein Wort ein!«, meldet sich Marius zurück.
»Wird es jetzt eine Treppe, die in den Himmel führt?«, Emilie ist neugierig und hat ein klares Bild im Kopf, wenn sie die Löcher sieht, die Marius in den Stein haut.
»Nein. Das ist keine Treppe.« – »Welches Wort ist dir eingefallen?« – »Wutabbau«, und es klingelt zur Pause.
Marius und Emilie legen ihre Werkzeuge zurück. So richtig kann Marius damit immer noch nichts anfangen. Und dann beißt er genüsslich in den Amerikaner aus der Klosterküche und sagt: »Ich wusste gar nicht, dass es bei Gott so was Gutes gibt!«

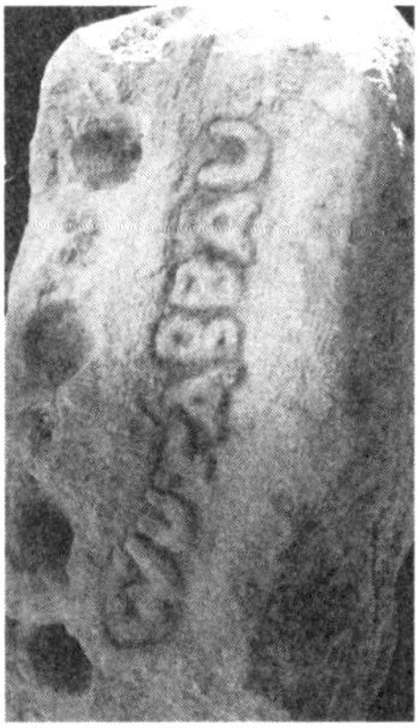

Fotos: © Susanne Paetzold

Lied: Manchmal ist meine Angst riesengroß *(siehe S. 20)*

Kreative Ideen

Zum Sonntag Okuli

Jubel um Jesus
An Rundholzstäben werden mit Tesafilm bunte Krepppapierbänder fixiert. Der gemeinsame Jubel drückt sich in einem Kreistanz aus, bei dem die Kinder mit »Krepppuscheln« wedeln. Als Lied eignet sich »Sanna sananina«. Im ersten Teil des Liedes geht die Gruppe im Kreis von links nach rechts und umgekehrt. Im zweiten Teil des Liedes gehen wir aufeinander zu in Richtung Kreismitte und zurück. Dabei schwenken sie die »Puschel« von oben nach unten.

Zum Sonntag Laetare

Jesus wird gesalbt

Gute Erfahrungen haben wir mit der Herstellung von Salböl gemacht. Auch wenn in der Herstellung Salbei intensiv riecht, setzt sich beim Salben der Zimtgeruch auf der Haut durch! Ein überraschendes Erlebnis und eine seltene, sinnliche Erfahrung. Salbölrezepte mit Zimt, Myrrhe, Nelken und Salbei auf Olivenölbasis finden sich im Internet.

Zum Sonntag Judika

Judas verrät Jesus

Verrat. Verräter. Einer, der mit dem Finger auf Jesus zeigt …
Nein. Judas zeigt nicht mit dem Finger auf Jesus. Wie macht Judas das?
Mit dem Finger auf andere zeigen, das kennen Kinder aus: Der hat schon ein Handy. Der hat in der Arbeit eine fünf geschrieben. Der darf das und ich nicht …
Der Fingerzeig impliziert auch eine Beziehung. Für Judas springt Geld dabei heraus. Und für mich? Ich zeige darauf, weil ich etwas haben will. Oder ich bin stolz darauf, dass ich so gut bin.
Judas wird schuldig. Sein Verrat hat Konsequenzen, die er nicht wiedergutmachen kann. Judas kann mit dieser Schuld nicht leben.

Zum Sonntag Palmarum

Petrus scheitert

»Passio« – das Leiden. In der Passionszeit erinnern wir den Leidensweg Jesu. Aber auch Petrus leidet. Leidet an seinem eigenen Scheitern. In diesem Gottesdienst wollen wir Leiden zu Sprache bringen. Kennst du Scheitern? Woran leidest du? Kennst du jemanden, in deiner Nähe, der leidet? Fast jedes Handy hat heute ein Diktiergerät. Machen Sie mit den Kindern Interviews und gehen auf fremde Menschen zu: Kennst du Scheitern? Kennst du Leiden? Woran leidest du? Bist du schon einmal gescheitert? Bist du schon einmal enttäuscht worden?

Zum Gründonnerstag

Jesus teilt mit den Jüngern Brot und Wein

Wir schauen uns das Bild »Abendmahl« von Leonardo da Vinci an (*zu finden bei Wikipedia*). Wir werden langsame Beobachter und nehmen uns Zeit. Zeit für diesen einen Moment. Welcher Moment ist dargestellt? Ein langer Tisch wird aufgestellt und die einzelnen Personen setzen sich an den Tisch. Achtet auf die Haltung der Jünger. Jede Person bekommt eine Stimme, in dem ein anderes Kind sich hinter die Person stellt. Was denkt, fühlt oder sagt der Jünger in diesem Moment? Nach dieser Phase lassen wir das Bild und die Stimmen auf uns wirken. Heute sitzen wir am Tisch. Wir heben die Tischordnung des Bildes auf, essen gemeinsam und erinnern uns an diesen Moment.

Zum Karfreitag

Jesus stirbt
Ein Kreuz liegt in der Mitte. Wir heften ans Kreuz, was uns in der Welt beschäftigt, wo wir von Not und Krieg wissen. Wir heften ans Kreuz, was uns bedrückt und traurig macht. Wir heften ans Kreuz, was den Alltag schwer macht. Das Kreuz wird aufgestellt. Für alle unsere Sorgen, Ängste und Nöte ist Jesus gestorben. Es gibt eine Rückseite des Kreuzes. Die andere Seite bemalen wir mit Goldfarbe. Wir wissen: Der Tod ist nicht das Letzte. Im Kreuz blitzt schon Hoffnung auf.

Zum Sonntag Ostern

Neues Leben für Jesus
Die Sonne geht auf: Jesus lebt! Die Botschaft strahlt aus. Um ein rundes gelbes Tuch entstehen Sonnenstrahlen aus kleinen Osterbotschaften. Jedes Kind überlegt sich eine Botschaft in Elfchen-Form: Ein Wort – zwei Worte – drei Worte – vier Worte – Schlusswort. Ein Beispiel aus einem Ostergottesdienst in Hildesheim:
Ostern
Sieh mal
Die Sonne scheint
Denn Jesus ist auferstanden
Halleluja

Einzelgottesdienst:

In diesem Gottesdienst mit mehr Zeit begegnen die Kinder den Menschen in der Passions- und Ostergeschichte. Stelen aus Holzbohlen werden gestaltet, in der Reihenfolge der Bibeltexte aufgestellt, gerne auch im Kirchenraum, und mit einer Aktion oder Fragen verknüpft. Hinter jeder Stele verbirgt sich ein Moment. Vor den Stelen liegen Sitzgelegenheiten zum Verweilen bereit.

Foto: © Susanne Paetzold

Stele auf Teppichen mit Palmwedel – Jubel um Jesus
»Lasst ihn einziehen, Jesus, den König der Ehre. Jubelt laut und singt Hosianna.« Du stehst am Weg. Stell dir die Menge vor, die Jesus empfängt. Was fühlst du, wenn du den Jubel hörst? Hast du schon mal gejubelt? *(Hörbeispiel einspielen)*

Foto: © Susanne Paetzold

Bereite du den Weg und schmücke ihn ... Material zum Schmücken liegt bereit z.B. Legematerialien, Blüten, Buchsbaum, Tücher, o.Ä.

Stele mit Kopftuch und Salbölflasche – Jesus wird gesalbt

»Seht her! Jesus ist es wert. Kostbares Nardenöl in feiner Verpackung.« Da sitzen die Jünger und regen sich auf. Gib ihnen eine Stimme! Und da sitzt die Frau zu Jesu Füßen. Sie sieht traurig aus. Emotionen bauen sich auf. Dieser Moment braucht eine Deutung. Woher kommt die Frau? Hat sie wohl einen Namen? Salbt die Frau schon jetzt? Salbt sie den wahren König Israels? Sie hat einen festen Platz in der Geschichte! Wo ist dein Platz in der Geschichte? Wo sitzt du?

Foto: © Susanne Paetzold

Stele mit Brotkorb und Kelch – Jesus teilt Brot und Wein

»Der Tisch ist reich gedeckt. Gedeckt mit Erinnerung. Die Jünger teilen Leben und Glauben mit Jesus. Er ist es, der teilt. Er ist es, der vergibt. Er ist es, der sich gibt.« Nehmt ein Stück Brot aus dem Korb und teilt es miteinander. Schmeckt, wie freundlich Gott ist. Dieser Moment mündet in einen Lobgesang: Da berühren sich Himmel und Erde!

Foto: © Susanne Paetzold

Stele mit Lederbeutel und Geldstücken – Judas verrät Jesus

»Da steht er. Aufrecht. Berechnend. Enttäuscht. Schließlich ist er es, Judas, der Jesus verrät.« Da ist sie, die Gelegenheit. Doch Geld allein macht nicht glücklich. Warum hat Judas das getan? Das wäre schön, könnten wir seine Gedanken lesen: Schreibe sie in die Denkblasen.

Foto: © Susanne Paetzold

Stele in einen großen Umhang gehüllt – Petrus scheitert

»Habe ich das wirklich gesagt? Habt ihr das auch gehört? Ich kann nicht mehr.« Petrus zieht seinen Umhang tiefer ins Gesicht. Hüllt sich ein und sucht Schutz. Der Hahn

schreit es zum Himmel. Dieser Schrei geht durch Mark und Bein. Petrus – einst so ganz nah dran an Jesus, einer seiner engsten Begleiter, ihm traut Jesus viel zu. Seine Sprache verrät ihn. Ausgerechnet er. Er ist tief enttäuscht. Petrus weint bitterlich. Um ihn herum ist es dunkel.
Kennst du solche Momente? Bohrende Fragen und falsche Antworten? Verstecken ohne Ausweg? Der Moment der Wahrheit und Tränen? Wie fühlt sich das an?

Foto: © Susanne Paetzold

Stele mit Dornenkrone – Jesus stirbt
»Eli, eli, mein Gott, warum hast du mich verlassen?«
Jesus ist tot. Das erschüttert die Welt. Leute schauen und bekennen: Das ist Gottes Sohn. Die Dornen erzählen vom Leiden. Ein Schild erzählt vom Spott: »INRI – hier hängt der König der Juden«.

Stele mit einem weißem Tuch – neues Leben für Jesus
Jesus lebt! Ein geheimnisvoller Moment. Keiner hat es gesehen. Die Erde bebt, die Soldaten sind zutiefst erschreckt. Ein Engel, seine Gestalt wie ein Blitz und sein Gewand weiß wie Schnee, überbringt die Botschaft: Fürchtet euch nicht!
Stoffstreifen oder Schleifenbänder liegen bereit mit der Botschaft »Jesus lebt!«. Gebt einander die Botschaft weiter und legt jemandem anderes das Band wie ein Segensband auf die Schultern.

Stichworte:
Auferstehung, Engel, Judas, Kreuz, Leid, Ostern, Ostersonne, Palmwedel, Petrus, Salbung, Scheitern, Schuld, Tanzen, Verrat

Susanne Paetzold

Alles dreht sich um Jona

08.04.2018
(Quasimodogeniti)
Jona läuft weg
(Jona 1-2)

15.04.2018
(Misericordias Domini)
Jona schafft's
(Jona 3-4)

Im Buch Jona dreht sich tatsächlich alles um den Propheten. Nicht die Botschaft, die er von Gott weiterzugeben hat, steht in der kurzen Lehrerzählung im Zentrum, sondern das, was er erlebt und lernt.
In den ersten beiden Kapiteln des Prophetenbuches bekommt Jona von Gott den Auftrag, in die Stadt Ninive zu gehen, um den Menschen zu sagen, dass sie böse handeln. Aber der Prophet flieht vor dieser Aufgabe auf ein Schiff, das ihn weit von seinem Ziel wegbringen soll. Als ein Sturm aufkommt und heidnische Seemänner zu ihren Göttern beten, mag Jona sich nicht an Gott wenden. Als er vom Schiffsherrn zur Rede gestellt wird, gibt er zu, am Sturm schuld zu sein, und schlägt vor, dass sie ihn in das tobende Meer werfen sollen. Die Schiffsbesatzung möchte das nicht tun. Sie versuchen, mit Rudern das Schiff vor dem Untergang zu retten. Erst als der Sturm noch bedrohlicher wird, beten nun die heidnischen (!) Seeleute zu Jonas Gott und werfen Jona über Bord. Jona wird von einem riesigen Fisch aufgenommen und besinnt sich erst jetzt, selbst zu Gott zu beten. Im Bauch des Fisches erkennt er, dass Gott ihn gerettet hat.
In den weiteren zwei Kapiteln des Buches kommt Jona nun seinem Auftrag nach und predigt in Ninive von ihrer Schuld. Auch hier wenden sich die heidnischen Bürger der Stadt Gott zu, und Gott verzeiht ihnen. Jona aber ist unzufrieden über Gottes Gnade. Er zieht sich zurück, baut sich ein Haus und genießt es, im Schatten einer Staude zu sitzen. Als diese durch einen Wurm eingeht, hadert Jona erneut. Gott aber fragt ihn: Dich jammert die Staude, die du nicht gepflanzt hast, und ich sollte kein Mitleid mit den Menschen und Tieren in Ninive haben?

Jona lernt viel in den vier Kapiteln. Und so lassen sich unterschiedliche Schwerpunkte bilden, die sich durch beide Einheiten ziehen:

- Jonas Trotz und Wut *(Er hat keine Lust, nach Ninive zu gehen; er ist wütend, als Ninive nicht zerstört wird, aber seine Pflanze eingeht. Er lernt, ich brauche mich nicht gegen Gott zu wehren, ich kann ihm einfach vertrauen und folgen.)*
- Gegen Fremdenfeindlichkeit *(Die heidnischen Matrosen und Einwohner Ninives hören auf Gott. Jona lernt: Gott sind alle Menschen wichtig.)*
- Gottes Gnade *(Jona lernt: Wir leben alle von Gottes Liebe und Vergebung: die Matrosen, die Einwohner Ninives und auch ich.)* Im Judentum wird wegen des Vergebungsaspekts das Jonabuch am Versöhnungstag Jom Kippur gelesen.
- Das Thema der Gnade Gottes wird im Folgenden den größten Raum einnehmen.

Liturgische Gestaltung

Zusammenkommen – Sich Gott zuwenden

Psalmgebet

Jona betet im Bauch des riesigen Fisches mit Worten, die aus verschiedenen Psalmen stammen. Es bietet sich demnach an, mit den Kindern eine Psalmübertragung zu beten:

Herr, in meiner Angst, rief ich dich an
und du hast mir geantwortet.
Ich schrie zu dir in Todesfurcht
und du hast meine Stimme gehört.
Ich drohte im tiefen Meer unterzugehen
ich wurde in die Tiefe hinuntergezogen
ich dachte, du hättest mich vergessen,
aber du hast mich gerettet!
Als mir Angst wurde, da dachte ich an dich, Gott,
und du hörtest mein Gebet
Deshalb will ich dir danken
und dir meine Lieder singen.
Ich will dir folgen mein Leben lang,
denn du, Gott, hast mir geholfen.
Amen.

Hören – Antworten

Lied: Jona will nicht nach Ninive (Jona 1-4)

Text und Melodie: Winfried Radeke, © Strube Verlag, München

2. Er steigt ins Schiff, der arme Wurm …
Da gibt es einen großen Sturm …

3. Vor Angst ein jeder Matrose flennt ...
Nur Jona nicht, er liegt da und pennt …

4. Der Käptn weckt ihn auf und schreit …
Ruf schnell zu Gott, ist höchste Zeit! …

5. Sie losen aus, wer schuldig ist, …
Den Jona trifft's, na so ein Mist! …

6. Er sagt: Ich will nicht nach Ninive, …
Drum braust und tobt die wilde See! …

7. Er sagt: Werft mich doch ins wilde Meer, …
Und meine Klamotten gleich hinterher! …

8. Das Meer verschlingt den armen Wurm, …
Sofort hört auf der schreckliche Sturm. …

9. Und wie er denkt: »Jetzt gehst du drauf«, …
Frisst ihn ein großer Walfisch auf! …

10. Da sitzt er nun im dunklen Bauch, …
Und schämt sich sehr und betet auch. …

11. Da rülpst der Walfisch ganz galant, …
Und spuckt den Jona aufs trockene Land. ...

12. Sie bessern sich, er findet's nicht gut. …
Die Stadt bleibt hell, er kocht vor Wut. …

13. Er sagt: Die Feinde werden verschont, …
Die ganze Reise hat sich nicht gelohnt! …

14. Im Schatten sitzt er, das tut ihm gut, …
Der Baum verdorrt, er kocht vor Wut. …

15. Gott sagt: Der eine Baum macht dir Qual, …
Doch tausend Menschen sind dir egal! …

Feiern – Teilen

An Misericordias Domini passt zu der Buße der Einwohner Ninives eine **Buß- und Vergebungsfeier.**
Sie gibt Kindern die Möglichkeit, sich Schuld einzugestehen und vor Gott zu bringen. Dabei ist der *Gnadenzuspruch sehr wichtig*. Die Kinder sollen hören, dass Gott sie von Schuld befreit.

Es bieten sich verschiedene Möglichkeiten an:

- Kinder können nach einer Meditation, in der sie darüber nachdenken, was sie öfters falsch machen und wo sie an anderen schuldig werden, kleine Papierblätter mit Gedanken belegen, ohne sie aufzuschreiben. Diese Blätter werden anschließend an einer Kerze angezündet und in eine feuerfeste Schale fallen gelassen, so dass sie verbrennen. Meditationsfragen sind z.B.: Ärgerst du oft andere, schlägst du Kinder oder Erwachsene, redest du schlecht über andere, gehst du nicht gut mit den Tieren und Pflanzen um, hast du etwas an dich genommen, was dir nicht gehört ...?
- Es lassen sich auch schwere Steine mit Gedanken belegen und in eine große Wasserschale legen. Dabei kann bei jedem Stein, der untergeht, der Kehrvers des Liedes EG 602 gesungen werden: »Barmherzig, geduldig und gnädig ist Gott (hier wird das ›er‹ im Original durch ›Gott‹ ersetzt), viel mehr als ein Vater es kann. Er warf unsre Sünden ins äußerste Meer. Kommt, betet den Ewigen an.«
- Eine weitere Möglichkeit ist ein allgemeines Sündenbekenntnis zu sprechen. z.B.: Den Bewohnern von Ninive tut es leid, was sie falsch gemacht haben. Auch wir bekennen, dass wir immer wieder schuldig werden. Verzeih, wenn wir mit den Händen schlagen, statt zu helfen; wenn wir mit Worten verletzen, statt zu trösten; wenn wir andere ärgern, statt ihnen Freude zu machen; wenn wir andere auslachen, statt ihnen Mut zu machen. Vergib uns unsere Schuld. Nach diesen Worten wird gemeinsam ein »Kyrie« oder »Herr erbarme dich« gesungen (EG 178.9-12 KG 197).

Wichtig bei allen Vergebungsfeiern ist **der Zuspruch.** Wie z.B:

- *Leiter/in*: Gott hat euch vergeben. Er verzeiht euch, was ihr falsch gemacht habt. In der Taufe hat er euch seine Liebe und Vergebungsbereitschaft zugesprochen.

Oder:

- *Leiter/in*: Gott hat euch vergeben. Jesus spricht: Kommt her zu mir alle, die ihr bedrückt und beladen seid, ihr sollt aufatmen und frei werden. (Mt 11,28)

Nach dem Zuspruch empfiehlt sich ein fröhliches Lied.

Kurzgeschichte

Wir sind gut, weil Gott uns gut macht. Dazu möchte ich euch eine Geschichte erzählen:

Jonathan war Fußballer mit Leib und Seele. Doch sein Verein plante die nächste Saison ohne ihn. So stand er zum Verkauf. Die Interessenten standen aber nicht gerade Schlange, obwohl nur 500 € als Ablösesumme angesetzt waren. Im Gegenteil, niemand wollte den jungen Fußballer haben.
Spätestens jetzt war Jonathan schlecht drauf. In den letzten Spielen lief bei ihm gar nichts mehr. Wurde er einmal eingewechselt, dann schien es, als ob er zwei rechte Füße hätte. (Er war eigentlich ein sogenannter Linksfuß). Seine Pässe kamen nicht mehr an, seine Dribblings endeten beim ersten Gegenspieler, seine Schüsse trafen eher die Eckfahne als das Tor. Die Mannschaftskameraden begannen, wenn er auf dem Platz war, mit zehn Mann zu spielen. Jonathan galt als des Gegners bester Mann. Er war kurz davor, seine Fußballschuhe an den Nagel zu hängen.
Da kam ein erfahrener Trainer eines bekannten Vereins. Der bot 20.000 € für Jonathan. Sein alter Trainer konnte dies kaum fassen, so begeistert war er von diesem Geschäft, und so sehr musste er sich darüber wundern, dass überhaupt jemand Jonathan wollte. Doch in der neuen Saison machte Jonathan Schlagzeilen. Es wurde von dem neuen Wunderspieler geredet. Seine Pässe waren wie die von Toni Kroos, seine Dribblings wie bei Leroy Sané, er konnte den Raum deuten wie Thomas Müller und schoss Tore wie Mario Gomez zu seinen besten Zeiten.
Da fragte der alte Trainer den neuen: »Was haben Sie mit ihm gemacht, dass er so gut wurde?«
»Die Sache ist ganz einfach«, antwortete dieser, »als er merkte, wie wertvoll er für mich ist, wuchs bei ihm das Selbstvertrauen, und nachdem die anderen Spieler hörten, wie wertvoll er ist, da wuchs bei ihnen die Achtung. Alles Weitere kam wie von selbst.« Gott ist wie dieser Trainer.

Andreas Kraft

Kreative Ideen

Quasimodogeniti

Erzählung im großen Fischbauch

Die Geschichte von Jona wird erzählt, bis Jona ins Meer geworfen wird. Anschließend gehen alle Kinder in den Fischbauch (Er kann aus zwei Strandmuschel-Zelten bestehen, oder aus einem Tisch, über den blaue Tücher gehängt werden.)

Zeichnung: © Andreas Kraft

Im Fischbauch wird die Enge und das Dunkle erlebt und die Geschichte mit dem Gebet Jonas weitererzählt.
Hier kann auch die Psalmübertragung von Jonas Gebet durch Kinder, die lesen können, im Wechsel gesprochen werden *(siehe S. 29)*.

Gebet formulieren
Die Kinder können sich auch selbst überlegen, was Jona im Bauch des großen Fisches beten könnte.

Tagebuch des Jona schreiben.
Nach der Geschichte können die Kinder formulieren, was Jona in sein Tagebuch schreiben könnte. Ein Mitarbeiter schreibt die Gedanken auf. Am nächsten Sonntag wird das Tagebuch fortgesetzt.

Misericordias Domini

Blumensamen aussäen
Gemeinsam können die Kinder eine Blumenschale mit Samen versehen. Auf die Schale kommt die Aufschrift: »Wir leben alle von der Gnade Gottes«. Eine Person sorgt dafür, dass sie regelmäßig gegossen wird und in kommenden Kindergottesdiensten zu sehen ist.

Buß- und Vergebungsfeier *(s.o.)*

Stichworte:
Buße, Gnade, Schuld, Umkehr, Vergebung, Wert, Zuspruch

Andreas Kraft

Gottes guter Segen

22.04.2018
(Jubilate)
Von Gott gesegnet und ein Segen sein: Abraham
(1 Mose 12,1-3)

29.04.2018
(Kantate)
Ein Mensch von Gott gesegnet: Jakob und die Himmelsleiter
(1 Mose 28,10-19)

06.05.2018
(Rogate)
Um den Segen ringen: Kampf am Jabbok
(1 Mose 32,23-30)

10./13.05.2018
(Himmelfahrt/ Exaudi)
Der Segen bleibt: Jesu Himmelfahrt
(Lukas 24,50-53)

In dieser Einheit geht es um den Segen Gottes. Alle biblischen Texte weisen darauf hin. Abraham ist vielen Kindern aus dem Religionsunterricht in der Grundschule bekannt, Jakob weniger. Die Himmelfahrt Jesu mit dem Blick auf den Segen Gottes zu erzählen ist interessant. Das, was bleibt, ist Gottes Zuspruch! Und diesen sollen die Kinder in dieser Einheit immer wieder erfahren, er ist Geschenk und gibt Kraft, Mut, Zuversicht, Freude, Hoffnung für das Leben.

Die liturgischen Elemente können an jedem Sonntag dieser Einheit als liturgischer roter Faden eingesetzt werden. Die Wiederholung ermöglicht es den Kindern mitzusprechen.

Die Kurzgeschichte ist ein Brief eines Großvaters an seinen Enkelsohn. Damit wird die Tradition des Erzählens auch aus biblischer Zeit aufgenommen. Der Zuspruch Gottes kommt darin in unterschiedlicher Weise zur Sprache.

Die kreativen Ideen sollen die Bedeutung des Segen Gottes in verschiedene Lebensbereiche der Kinder hineinbringen und so präsent sein, wie z.B. die »Gute – Nacht – Lampe«. Der Segensbaum ermöglicht es, dass der Kindergottesdienst in der ganzen Gemeinde wahrgenommen werden kann.

Liturgische Gestaltung

Zusammenkommen – sich Gott zuwenden

Eingangsgebet als Ritual für alle Sonntage, die Kinder sprechen die drei Bitten in der Call and Response Methode immer nach:

Gott, heute feiern wir wieder miteinander Kindergottesdienst.
Darüber freuen wir uns.

Sei du, Gott, bei uns mit deiner Fürsorge. *(Kinder wiederholen)*
Sei du, Gott, bei uns mit deiner Kraft. *(Kinder wiederholen)*
Sei du, Gott, bei uns mit deinem Segen. *(Kinder wiederholen)*

Amen

Sendung – Segen

Wir stehen im Kreis um eine brennende Kerze (gestaltete Mitte) oder um den Altar herum, halten uns an der Hand und singen miteinander das »Geburtstagslied«, das viele Kinder kennen:

»Viel Glück und viel Segen auf all deinen Wegen, Gesundheit und Frohsinn sei auch mit dabei.«

Mitarbeitende sprechen: Und Gott segne Pia, Anna ... (4-5 Namen der anwesenden Kinder, der Reihe nach, wie sie im Kreis stehen)
Lied wiederholen
Mitarbeitende sprechen: Und Gott stärke auch Peter, Paul, Simon ... (anwesende Kinder)
Lied wiederholen
Mitarbeitende sprechen: Und Gott behüte auch Maria, Susanna, Lucia ...
Lied wiederholen

Amen

Kurzgeschichte

Diese kann als Einleitung an einem Sonntag vorgelesen werden. Sie will die Zusage unterstützen, dass der Segen Gottes, sein Schutz und seine Liebe zu den Kindern auch für die anwesenden Kinder gelten. Ein Großvater schreibt an seinen Enkelsohn:

»Lieber Aljoscha,
jetzt ist es schon wieder eine Weile her, dass wir mit dir und deinen Eltern beim Einschulungsgottesdienst waren.
Du erinnerst dich: Da waren gleich zwei Pfarrer, der eine mit so einem bunten Schal, das war der katholische, der andere mit einem schwarzen Umhang, das war der evangelische. Wie im Theater spielten sie euch vor, was wohl ein Junge und ein Mädchen denken und fühlen könnten, wenn sie zum ersten Mal in die Schule gehen.

Haben sie das nicht gut gemacht mit ihren lustigen und sorgenvollen Gesichtern, was meinst du?
Dann wünschten sie euch gute Lehrer und gute Freunde. Ob der liebe Gott da etwas mithelfen könnte?
Als sie euch die Hände auf den Kopf legten und euch segneten, erinnerte mich das gleich an meine Lieblingsgeschichte aus der Bibel. Jesus und die Kinder: Leute brachten Kinder zu Jesus, er solle ihnen die Hand auflegen. Aber die Begleiter von Jesus wollten das nicht, vielleicht weil sie befürchteten, dass die Kinder ihren Meister nerven könnten. Das soll es ja auch wirklich geben.
Jesus reagierte tatsächlich ärgerlich, aber gegenüber seinen Jüngern. »Lasst die Kinder zu mir kommen und hindert sie nicht daran.«
Diese Geschichte hat mich als Kind deshalb so begeistert, weil Jesus den Erwachsenen widersprochen hat. Heute weiß ich, dass Jesus auch seine besondere Liebe zu den Kindern ausdrücken wollte.
Ich habe dir ja schon oft aus meiner Kindheit erzählt: Unser Haus lag weit ab vom Dorf und es war sehr selten, dass andere Kinder zu mir kamen. Das hat mich damals doch traurig gemacht, weil ich mit ihnen spielen wollte.
Jetzt ahnst du sicherlich, warum mich diese Geschichte von Jesus damals so getröstet hat?
Eigentlich war ich ja gar nicht so alleine; da hat mir jemand seine Freundschaft versprochen, ich habe sie gespürt und dies ist auch heute noch so. Ich habe einen guten Freund: Über alles kann ich mit ihm reden, um alles kann ich ihn bitten.
Natürlich gingen und gehen nicht alle meine Wünsche in Erfüllung – Jesus ist kein Tischlein deck dich. Deshalb war ich auch manchmal enttäuscht. Einige Male war es gut, dass die Wünsche nicht in Erfüllung gingen; das habe ich aber erst viel später begriffen.
Nah ist er mir immer, dieser unsichtbare Freund. Damals, als unser Basko, der irische Setter, operiert werden musste und als das Huhn Kassandra von meinem Vater Anton ein Gipsbein aus Kuchenteig bekam, hat er sicherlich mitgeholfen, dass beide wieder gesund wurden.
Auch als ich selbst so krank war und meine geliebte Ärztin Margot mir gute Medizin gab, dachte ich an die heilenden Kräfte der Engel, die uns versprochen sind. Dein Urgroßvater hat mir in spannenden Erzählungen berichtet, wie sein Schutzengel ihm in brenzligen Situationen geholfen hatte. Sicherlich hat er dabei manchmal etwas übertrieben, wie Opas und Omas es häufiger tun, aber sie haben es einfach so erlebt.
Solche Erfahrungen möchte ich auch an dich, mein lieber Aljoscha, weitergeben.
»Fürchtet euch nicht, ich bin immer bei euch!« Diese Zusage mit der frohen Botschaft, dass alle Menschen von Gott geliebt sind, alle Menschen ohne Ausnahme ganz wichtig sind, möge dir Mut und Vertrauen geben.
Dass Gott als liebevoller Vater und liebevolle Mutter dich begleitet und du dich in dieser Begegnung aufgehoben fühlst, wünsche ich dir von ganzem Herzen.

Dein Opa Helge«

Helge Paulus, in: Landau, R. (Hg.): Sei Gott befohlen, Großeltern schreiben ihren Enkelkindern, Stuttgart 2008, S. 31ff.

Diese Kreativangebote können jedem Sonntag zugeordnet werden oder eine Idee wird für einen monatlichen Kindergottesdienst herausgegriffen.

Jubilate

»Wolle« – Abrahams Schaf

Material: 1 weiße Baumwollsocke, Heu- und Strohgemisch, 2 Ohren aus Pappe (WC – Rolle: Länge der Rolle, Breite 5cm), Stifte zum Bemalen der Ohren, Moosgummi in schwarz und weiß für die Augen, Nüstern und den Mund, Reste von Schaffell/Kreis mit 7 cm Durchmesser oder Wollflies/Märchenwolle und Filznadel für die Kopfhaare, Wolle für den Hals, Ast/Stab 40-50 cm lang, Textilklebeband, Heißklebepistole oder doppelseitiges Klebeband (Vorsicht! Gerät nur für Erwachsene), Schere, Teppichmesser (für Fell).

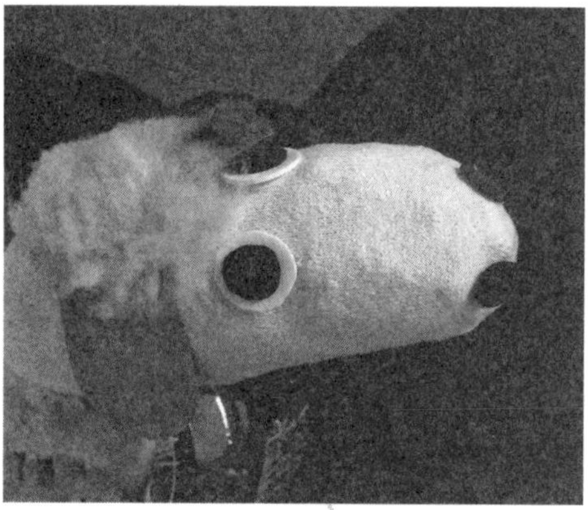

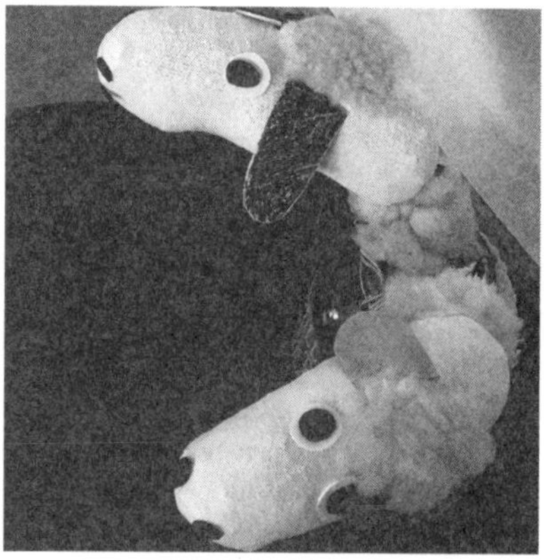

Fotos: © Beate-Michaela Jöst

Herstellung: Die Socke bis zur Ferse mit Heu und Stroh fest stopfen, denn das Schaf liebt Heu und Stroh. Den Stab tief in die ausgestopfte Ferse drehen und mit Textilband mehrmals die Socke fest umwickeln und festkleben, der Stab sollte dadurch gut befestigt sein. Den Kreis aus dem Fell mit dem Teppichmesser vorab ausschneiden und mit doppelseitigem Klebeband bekleben. Die Ohren ausschneiden und anmalen. Die Ohren mit dem Heißkleber befestigen und die Kopfhaare über den Ohren aufkleben. Die Kopfhaare können auch auf dem Kopf gefilzt werden. Moosgummi mit doppelseitigem Klebeband bekleben. Danach Augen, Nüstern, Mund und Zähne auf Moosgummi auf der Rückseite aufmalen, ausschneiden und festkleben. Dadurch erhält jedes Schaf seinen eigenen Ausdruck: fröhlich, zornig, lustig... Zum Schluss den Hals mit Wolle umwickeln und evtl. mit farbigen Stoffbändern verzieren.

(Idee aus der Jahreszeitenwerkstatt in »Rolfs Schäferei« Büsum/Deichhausen)

Einsatz:

a) Das fertige Schaf kann als Erzählschaf (was es alles mit Abraham erlebt hat) eingesetzt werden.

b) Jedes Kind bastelt ein Schaf, das je einen Namen bekommt und zur Schafherde von Abraham gehört. Schafe sind auch ein Segen/Geschenk Gottes, denn eine Herde sicherte die Existenz der Menschen im alten Israel.

Kantate

Gute-Nacht-Lampe

Material: Kleine Lampe (z.B. Lampen von IKEA), Leuchtmittel, verschiedene Stoffbänder, Schere, Patex-Kleber oder doppelseitiges Klebeband, Eddingstifte, Text.

Foto: © Beate-Michaela Jöst

Herstellung: Der Lampenschirm wird zuerst mit Bändern oben und unten beklebt, danach wird er beschriftet.

Folgende Textvarianten können auch für die weiteren Ideen benutzt werden:

a) Abendgebet: »Kommt die Nacht, bin ich geborgen, Gott wird bei mir sein. Ach, ich freu' mich schon auf morgen und schlafe fröhlich ein. Amen« (Gebet zum Aufhängen aus: Rauhes Haus, Hamburg)

b) Segensspruch: »Ich will dich segnen und du sollst ein Segen sein.« (1 Mose 12,2) oder »Jesus spricht: Ich bin bei euch alle Tage!« (Mt 28,20) oder der Taufspruch der einzelnen Kinder.

Rogate

Segensherz

Material: Leinwand (Bastelgeschäft oder Nanu Nana), Eddingstifte, Text (s.o.).

Foto: © Beate-Michaela Jöst

Herstellung: Das Herz beschriften und verzieren. Den Text können auch ältere Kinder oder Mitarbeitende den kleineren Kindern aufschreiben; kann mit wenig Aufwand gut vorbereitet werden.

Himmelfahrt/Exaudi

Segensbaum

Material: Bunte Papierstreifen, Textvorlagen, Folientaschen, Laminiergerät, Lochzange, Wolle.

Herstellung: Texte auf bunte Papierstreifen schreiben oder vorab abtippen und kopieren, in Folien einlegen, laminieren und hinterher ausschneiden, lochen, Wollrest durchziehen und an einem Baum aufhängen. Jeder aus der Gemeinde darf sich einen Spruch als Buchzeichen mitnehmen.

Stichworte:

Gottes Liebe, Gottes Schutz, Segen, Zuspruch

Beate-Michaela Jöst

»Gottes Geist bewegt Menschen«
Pfingsten und die Folgen

20./21.05.2018
(Pfingsten)
Gottes Geist führt zusammen
(Apostelgeschichte 2 i.A.)

27.05.2018
(Trinitatis)
Gottes Geist überwindet Lähmungen
(Apostelgeschichte 3,1-11)

03.06.2018
(1. Sonntag nach Trinitatis)
Gottes Geist verändert Menschen
(Apostelgeschichte 9,1-19)

10.06.2018
(2. Sonntag nach Trinitatis)
Gottes Geist überwindet Grenzen
(Apostelgeschichte 10)

17.06.2018
(3. Sonntag nach Trinitatis)
Gottes Geist öffnet Türen
(Apostelgeschichte 16,23-40)

Das Wort »Pfingsten« leitet sich aus dem griechischen Wort »Pentekoste« (= der 50. Tag) ab. Das Pfingstfest findet 50 Tage nach dem Osterfest statt und beendet die Osterzeit. Die Bibel erzählt zu diesem Fest vom Erscheinen und Wirken des »Heiligen Geistes«. In ihm zeigt sich Gottes Kraft zum Lieben, Trösten, Ermutigen, Begeistern, Vermitteln, Gemeinschaft stiften und vieles mehr. In vielen Darstellungen der Pfingstgeschichte sind auf den Köpfen der Jünger Flammen zu sehen. Daher ist auch das Element des Feuers eng mit Pfingsten verbunden.
Jede Zeit im Jahr hat in der Kirche ihre eigene Farbe. Weil es an Pfingsten um die Entstehung der Kirche, um Begeisterung und um das Element Feuer geht, hat es die Farbe Rot.
Die Pfingstzeit dauert übrigens eine Woche und endet mit dem Sonntag »Trinitatis«.
Ein oft verwendetes Symbol für den »Heiligen Geist« ist die Taube. Da sie aber in den biblischen Geschichten dieser Kindergottesdiensteinheit nicht vorkommt, wird sie auch in den Vorschlägen dazu nicht aufgegriffen.
Da diese Kindergottesdiensteinheit in Titel und Untertitel von »Gottes Geist« und nicht vom »Heiligen Geist« spricht, orientiert sich das Folgende an dieser Formulierung. Menschen, die mit kirchlicher Sprache vertraut sind, sind auch mit der Bezeichnung »Heiliger Geist« oder »Gottes Geist« vertraut. Bei anderen kann dieser Begriff auch ganz andere Assoziationen auslösen: Geister sind aus Märchen, Gruselgeschichten oder auch der Geisterbahn bekannt. Daher ist es wichtig, sich zunächst im Team, aber dann auch mit den Kindern gut auszutauschen, welche inneren Bilder bei dem Begriff »Geist« im Raum stehen und wie wir »Gottes Geist« inhaltlich füllen wollen.

Zusammenkommen – sich Gott zuwenden

Votum

Im Namen
Gottes – Quelle des Lebens
Jesus Christi – Grund unserer Hoffnung
des Heiligen Geistes – Kraft, die uns bewegt.
Amen.

Hören – Antworten

Lied: Atmen wir den frischen Wind

Text: Eckart Bücken, Melodie: Reinhard Horn, aus: Buch/CD-Paket »Kinder-Kirchen-Hits«,

Gebet mit gesungenem Kehrvers *(siehe Lied links)*
(Wenn möglich dazu ein Fenster öffnen und aufstehen. Frische Luft lädt zum Durchatmen ein.)

Gott, wir brauchen deine Kraft zum Leben!
Manchmal fühlen wir uns einsam und allein,
doch dein Geist führt uns zusammen.
Lasst uns durchatmen und singen!

Alle atmen durch und singen: Atmen wir den frischen Wind …

Gott, wir brauchen deine Kraft zum Leben!
Manchmal fühlen wir uns kraftlos und kommen nicht weiter,
doch dein Geist überwindet Lähmungen.
Lasst uns durchatmen und singen!

Alle atmen durch und singen: Atmen wir den frischen Wind …

Gott, wir brauchen deine Kraft zum Leben!
Manchmal führen uns unsere Überzeugungen auf falsche Wege,
doch dein Geist verändert Menschen.
Lasst uns durchatmen und singen!

Alle atmen durch und singen: Atmen wir den frischen Wind …

Gott, wir brauchen deine Kraft zum Leben!
Manchmal sind wir so unterschiedlich, dass wir nicht wissen,
wie wir zueinander finden können,
doch dein Geist überwindet Grenzen.
Lasst uns durchatmen und singen!

Alle atmen durch und singen: Atmen wir den frischen Wind …

Gott, wir brauchen deine Kraft zum Leben!
Manchmal fühlen wir uns wie gefangen,
doch dein Geist öffnet Türen.
Lasst uns durchatmen und singen!

Alle atmen durch und singen: Atmen wir den frischen Wind …

So sei es – Amen.

Sendung – Segen

Gott segne uns mit Liebe,
die wie Feuer vom Himmel
auf uns fällt und unser Herz wärmt.

Gott segne uns mit Hoffnung,
die wie ein frischer Wind
unser Leben durchweht und
uns beflügelt und trägt.

Gott segne uns mit Glauben,
der uns wie ein starkes Band
zusammenhält und uns miteinander
verbindet in der Kraft des Geistes.
Amen.

Kurzgeschichte

So sehr wir uns auch bemühen, zu verstehen, wer oder was Gottes Geist ist, werden wir immer nur einen kleinen Ausschnitt wahrnehmen und deuten können. Davon erzählt auch diese Geschichte:

Die Blinden und der Elefant
Es waren einmal fünf weise Gelehrte. Sie alle waren blind. Diese Gelehrten wurden von ihrem König auf eine Reise geschickt und sollten herausfinden, was ein Elefant ist. Und so machten sich die Blinden auf die Reise nach Indien. Dort wurden sie von Helfern zu einem Elefanten geführt. Die fünf Gelehrten standen nun um das Tier herum und versuchten, sich durch Ertasten ein Bild von dem Elefanten zu machen.
Als sie zurück zu ihrem König kamen, sollten sie ihm nun über den Elefanten berichten. Der erste Weise hatte am Kopf des Tieres gestanden und den Rüssel des Elefanten betastet. Er sprach: »Ein Elefant ist wie ein langer Arm.«
Der zweite Gelehrte hatte das Ohr des Elefanten ertastet und sprach: »Nein, ein Elefant ist vielmehr wie ein großer Fächer.«
Der dritte Gelehrte sprach: »Aber nein, ein Elefant ist wie eine dicke Säule.« Er hatte ein Bein des Elefanten berührt.
Der vierte Weise sagte: »Also ich finde, ein Elefant ist wie eine kleine Strippe mit ein paar Haaren am Ende«, denn er hatte nur den Schwanz des Elefanten ertastet.

Und der fünfte Weise berichtete seinem König: » Also ich sage, ein Elefant ist wie ein riesige Masse, mit Rundungen und ein paar Borsten darauf.« Dieser Gelehrte hatte den Rumpf des Tieres berührt.
Nach diesen widersprüchlichen Äußerungen fürchteten die Gelehrten den Zorn des Königs, konnten sie sich doch nicht darauf einigen, was ein Elefant wirklich ist. Doch der König lächelte weise: »Ich danke euch, denn ich weiß nun, was ein Elefant ist: Ein Elefant ist ein Tier mit einem Rüssel, der wie ein langer Arm ist, mit Ohren, die wie Fächer sind, mit Beinen, die wie starke Säulen sind, mit einem Schwanz, der einer kleinen Strippe mit ein paar Haaren daran gleicht, und mit einem Rumpf, der wie eine große Masse mit Rundungen und ein paar Borsten ist.«
Die Gelehrten senkten beschämt ihren Kopf, nachdem sie erkannten, dass jeder von ihnen nur einen Teil des Elefanten ertastet hatte und sie sich zu schnell damit zufriedengegeben hatten.

Verfasser unbekannt

Kreative Ideen

Wie wirkt Gottes Geist: Eine Mindmap

Jedes Kind bekommt ein Blatt (möglichst in DIN-A3-Größe). In die Mitte des Blattes wird in einem Kreis die Bezeichnung »Gottes Geist« eingetragen. Um diese Mitte herum können dann im Laufe der nächsten Sonntage viele Assoziationen, Ideen und Erkenntnisse zu Gottes Geist eingetragen werden. Das kann z.B. durch Schrift, Bild oder Collage geschehen. So wird sichtbar, wie vielfältig das Nachdenken über Gottes Geist sein kann und dass es sich immer wieder verändern und erweitern lässt.
Wer auch das Symbol der Flamme *(siehe nächste Seite)* einsetzen möchte, kann es hier schon gleich einführen. Dann formt sich nicht ein Kreis, sondern eine Flamme als Mitte um die beiden Worte »Gottes Geist«.

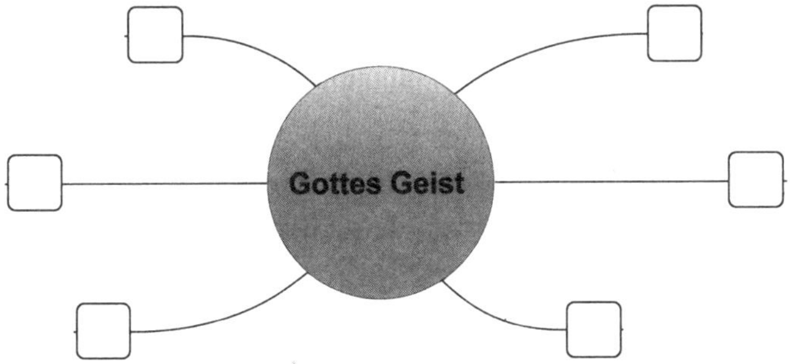

Mindmap: © Susanne Betz

Ein Symbol für das Wirken von Gottes Geist: Die Flamme

In vielen Darstellungen der Pfingstgeschichte (Apg 2) sind auf den Köpfen der Jünger Flammen zu sehen. Dieses Symbol kann helfen, dem Wirken von Gottes Geist auf die Spur zu kommen.

Mit den Kindern Flammen aus Papier herstellen

Sie können z.B. so aussehen, wie auf dem Foto *(siehe rechts)*. Diese Flammen können die Kinder durch die nächsten Sonntage begleiten: immer, wenn jemand in den biblischen Geschichten das Wirken von Gottes Geist zu erkennen meint, kann er oder sie die Flamme hochhalten. Vielleicht mögen die Kinder ihre Flamme auch mit in die Wochentage nehmen. Sie könnten in ihrem Alltag auf ein mögliches Wirken von Gottes Geist achten und im nächsten Kigo dann davon berichten.

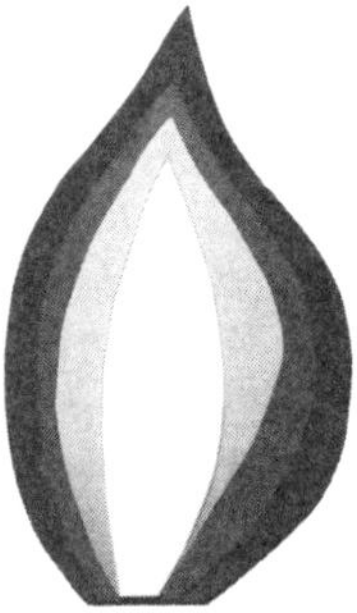

Foto: © Susanne Betz

Übermalungen:

Bei der Methode des Übermalens werden den Kindern Darstellungen des Pfingstgeschehens aus der Kunst und aus Kinderbibeln zur Verfügung gestellt. Diese können mit Farben »übermalt« oder wie bei einer Collage überklebt werden. So kann das Geschehen neu in Szene gesetzt und eigene Schwerpunkte sichtbar gemacht werden. Hier zwei Beispiele:

Foto: Susanne Betz; Originalbild von A. und J. Seibert, aus: Hubertus Halbfas: Die Bibel für kluge Kinder und ihre Eltern, Düsseldorf 2013 – übermalt mit Wasserfarben

Foto: Susanne Betz; Originalbild von Betina Gotzen-Beek, aus: Herders Kinderbibel, Freiburg i.Br. 2001 – übermalt mit Wachsfarben

Stichworte:

Atem, Wind, Feuer, Flamme, Gottes Geist, Heiliger Geist, Kraft, Pfingsten

Susanne Betz

Licht in dunkler Nacht
»Sommerweihnacht« am Johannistag

24.06.2018
(4. Sonntag nach Trinitatis)
Unser Leben im Licht Gottes – Johannes der Täufer ruft zur Umkehr
(Matthäus 3,1-17)

01.07.2018
(5. Sonntag nach Trinitatis)
Johannes im Gefängnis fragt nach dem Licht der Welt
(Matthäus 11,2-15)

Mit Johannes dem Täufer ist das Licht auf dem höchsten Stand im Jahr. Wir nennen seinen Tag Johannistag, »Sommerweihnacht«. Sie weist uns zum Licht der Welt (Joh 8,12), zum Wasser des Lebens (Joh 4,14) und der Taufe. Sie deutet auf Weihnachten hin, wie Johannes auf Jesus hinweist.
Johannes verkündet den Menschen, dass Gott mit Jesus das Licht in die Welt senden wird. Er selbst bringt den Menschen in dunkler Zeit (die wohl zu seiner Zeit nicht weniger ungerecht, gewalttätig und unterdrückend gewesen ist als heute) das Licht, indem er darauf aufmerksam macht, dass auch sie die Welt heller machen können. Er zeigt, dass die Menschen sehr wohl wissen, wie sie recht für alle leben können. Wenn sie Gottes Wort hören und achten, können sie danach leben und handeln. Es ist ihm wichtig, zu verkünden, dass Gottes Reich nahe ist, dass dazu aber auch der Umgang der Menschen miteinander gehört. Er fordert sie auf, neu anzufangen und mit der Taufe ein Zeichen für diesen Neuanfang zu setzen. Wer getauft ist, kann sein Leben ändern. Kann neu anfangen und Gottes Willen tun. Kann die Welt verändern. Kann zu Gott zurückkehren, wenn er oder sie sich abgewandt hat.
Das gilt uns auch heute noch. Das können die Kinder gut verstehen.
Sie kennen selbst die Ungerechtigkeit, Unterdrückung und Gewalt in ihrem Lebenszusammenhang, in der Schule, im Kindergarten, leider manche auch zuhause in der Familie.
Für schwierig halte ich das Thema des Gerichts, das in den Texten eine wichtige Rolle einnimmt. Wichtiger als der Tun-Ergehens-Zusammenhang erscheint mir in dem Kontext der Kindergottesdienste die reformatorische Erkenntnis der Barmherzigkeit Gottes und seiner Liebe zu uns, die ich in dem Wort höre: »Dies ist mein lieber Sohn, an dem ich Wohlgefallen habe« (Mt 3,11). Ich möchte Kindern nicht das Wort vom Gericht Gottes vermitteln, sondern von Gottes Liebe erzählen.
Die Geschichte Johannes' des Täufers läuft auf die Taufe und den Beginn des Wirkens Jesu zu. Die Taufe Jesu ist zentral. Sie ist eng mit der Taufe der Kinder verbunden. Jedem Getauften sagt Gott dieses Wort: »Du bist mein liebes Kind. An dir habe ich Wohlgefallen. Du gefällst mir so, wie du bist.«
Die Geschichte der Taufe ist aber auch eng mit der Umkehr zu Gott verbunden, mit dem aktiven Bekennen und Umkehren. Ich erkenne, dass ich etwas falsch gemacht habe. Ich darf zu Gott zurückkehren. Er hat seine Arme weit geöffnet.

Die Geschichte von Johannes im Gefängnis macht deutlich, dass der Versuch, gottgemäß zu leben, im Alltag der Welt nicht unbedingt von Erfolg gekrönt ist. Es ist unbequem und vielleicht sogar gefährlich. Die Frage des Johannes ist für mich auch die Frage danach, ob er alles richtig gemacht hat, ob er umsonst das Leid und die Not auf sich genommen hat. Jesus sagt ihm zu, dass er die Zeichen der Zeit richtig gedeutet hat. Als die Jünger des Johannes weg sind, spricht Jesus in den höchsten Tönen vom Täufer. Vielleicht hätte es Johannes gut getan, diese Worte selbst zu hören ...

Liturgische Gestaltung

Lieder:
Ein Licht geht uns auf (KiKiHits 11)
Die Kerze brennt, ein kleines Licht (KiKiHits 9)
Licht der Morgensonne (KiKiHits 47)
Gottes Wort ist wie Licht in der Nacht (EG 591)

Zusammenkommen – sich Gott zuwenden

Liturgischer Beginn des Kindergottesdienstes mit gestalteter Mitte
In der Mitte liegt ein schwarzes Tuch. Jedes Kind bekommt ein Teelicht.

Gott, du hast die Welt schön gemacht.
Wir sollen uns an ihren Farben freuen.
An deiner Liebe
(rotes Tuch hinlegen)
An deiner Hoffnung
(grünes Tuch hinlegen)
An deiner Treue
(blaues Tuch hinlegen)
An deiner Wärme
(gelbes Tuch hinlegen)
An deinem Licht
(Alles mit einem weißen Organzatuch bedecken, so, dass die Farben durchschimmern)
Wir sollen deine Welt bunt machen.
Wir sollen das Licht weitergeben.

Deine Liebe.
Deine Hoffnung.
Deine Treue.
Deine Wärme.
Dein Licht.
Wir klagen, Gott.
Es ist dunkel, wenn Menschen sich gegenseitig schlecht behandeln.
Auch an uns liegt es, wie dunkel es ist.
Es wird dunkel, wenn wir nicht aufeinander achten.
(Ein kleines schwarzes Tuch mit einem Stein wird auf das Organzatuch gelegt.)
Es wird dunkel, wenn wir ungerecht sind.
(Ein kleines schwarzes Tuch mit einem Stein wird auf das Organzatuch gelegt.)
Es wird dunkel, wenn wir andere ausschließen.
(Ein kleines schwarzes Tuch mit einem Stein wird auf das Organzatuch gelegt.)
Es wird dunkel, wenn wir anderen nicht helfen.
(Ein kleines schwarzes Tuch mit einem Stein wird auf das Organzatuch gelegt.)
Es wird dunkel, wenn wir ungerecht sind.
(Ein kleines schwarzes Tuch mit einem Stein wird auf das Organzatuch gelegt. Das Organzatuch wird nun von den schwarzen Tüchern fast völlig verdeckt. Ein bisschen davon schaut an allen Seiten noch hervor.)
Dein Licht scheint für uns, Gott.
Manchmal sehen wir es. Es leuchtet aus dem Dunkel.
Es ist stärker als die Dunkelheit.
Du hast Jesus zu uns geschickt. Er ist Licht der Welt. Von dir. Für uns.
(Große angezündete Kerze auf ein helles Stück stellen)
Er strahlt in uns hinein.
Sein Licht leuchtet aus uns heraus.
Wir dürfen das Licht weitergeben.
(Ein Teelicht wird an der Kerze angezündet und das Licht wird von Kind zu Kind weitergegeben.)

Liturgischer Anfang des Kindergottesdienstes mit Kyrie-Gebet und Johannes dem Täufer

Sprechrollen: LiturgIn = L, Alle = A, Johannes = J

- Die Kinder werden am Sonntag zuvor gebeten, ihre Taufkerzen mitzubringen.
- Kerzen werden für die bereitgehalten, die keine Kerze dabeihaben.
- Einzug in die Kirche mit der Osterkerze und dem

Lied: Gottes Wort ist wie Licht in der Nacht (EG 591)

L: So war es am Anfang, als Gott sprach: Es werde Licht – und es ward Licht!
Da war Gottes Wort wie Licht in der Nacht.

Und so ist es seitdem für die Menschen aller Zeiten:
Hoffnung, Zukunft, Trost, Halt in Bedrängnis, Not und Ängsten
– ein Licht in der Dunkelheit!
Doch immer wieder hörten die Menschen Gottes Wort nicht mehr,
weil ihnen vieles andere wichtiger war. Sie vergaßen Gott. Es wurde dunkel um sie.

Gott aber gab die Menschen nicht auf. Er schickte ihnen zwei Männer.

Der eine wurde am 24. Juni geboren. Am Tag der Sommersonnenwende. Mittsommernacht. Tag und Nachtgleiche.
Der hellste und längste Tag und die kürzeste Nacht.
Noch ein halbes Jahr bis Weihnachten.
Nach ihm heißt dieser Tag des Lichts: Johannistag.
Am 24. Juni vor etwa zwei Jahrtausenden könnte er geboren worden sein:
Johannes.
Er lebte in der Wüste, ernährte sich von Heuschrecken und hatte ein Kleid aus Kamelhaaren.
Er sprach zu den Menschen und erinnerte sie an Gott,
daran, dass sie sich selbst und ihr Leben ändern und zu Gott umkehren sollten.
Er beeindruckte die Menschen mit seinen Forderungen:
Kehrt um! Bekennt eure Schuld gegenüber Gott und den Menschen!
Ändert euch und euer Leben! Bereitet dem Herrn den Weg!

Das wollten die Menschen, das wollen wir. Wir rufen zu Gott:

Lied: Guter Gott, erbarme dich (KKH 17b)

Kyriegebet

L: Gott, war das nicht immer so?
Wir sind, wie wir sind:
arm oder reich, gut oder böse, glücklich oder unglücklich.
Es war doch immer so, Gott!
Kann es anders werden?
Gib uns die Kraft zur Veränderung. Schenk uns dein Licht.
Gib uns deinen Geist. Wir rufen zu dir:

Lied: Guter Gott, erbarme dich (KKH 17b)

L: Gott, war das nicht immer so?
Wir sind, wie wir sind:
Ungerecht und hartherzig. Wir müssen uns wehren!
Die anderen helfen uns auch nicht!

Es war doch immer so, Gott!
Kann es anders werden?
Gib uns die Kraft zur Veränderung. Schenk uns dein Licht.
Gib uns deinen Geist. Wir rufen zu dir:

Lied: Guter Gott, erbarme dich (KKH 17b)

L: Gott, das war immer so:
Du hast uns lieb.
Wir vergessen das oft.
Das muss anders werden!
Gib uns die Kraft zur Veränderung. Schenk uns dein Licht.
Gib uns deinen Geist. Wir rufen zu dir:

Lied: Guter Gott, erbarme dich (KKH 17b)

L: Was sollen wir tun? fragten die Menschen.
A: Was sollen wir tun? fragten die Menschen.
J: »Wer zwei Hemden hat, der soll dem eins geben, der keines hat;
und wer zu essen hat, der kann teilen.
Fordert nicht mehr, als ihr braucht!
Tut niemandem Gewalt oder Unrecht
und seid mit dem zufrieden, was ihr habt!!
Macht einen Neuanfang. Lasst euch taufen!«

L: Und Johannes taufte die Menschen am Fluss Jordan.
Zum Zeichen, dass sie zu Gott gehören. Und zu seiner Gemeinde.
Zum Zeichen, dass ihre Schuld von ihnen abgewaschen ist.
Zum Zeichen, dass sie ein neues Leben anfangen.
Gottes Geist kam auf sie und brannte in ihnen wie ein Feuer,
das sich immer weiter entzündet.

Lied: Ins Wasser fällt ein Stein (EG 659,2), **Ein Funke kaum zu sehen**

L: Bist du unser Retter, den Gott uns schickt? Auf den wir schon soo lange warten?
A: Bist du unser Retter, den Gott uns schickt? Auf den wir schon soo lange warten?
fragten die Menschen.
J: Da kommt einer, der ist mehr als ich.
Er wird wachsen und ich werde abnehmen.
Wie der Tag und die Nacht im Jahreslauf.

L: Und es geschah, als alle Menschen sich taufen ließen
und Jesus auch getauft worden war und betete,
da tat sich der Himmel auf,

und der Heilige Geist fuhr hernieder auf ihn in leiblicher Gestalt wie eine Taube,
und eine Stimme kam aus dem Himmel:
Du bist mein lieber Sohn, an dir habe ich Wohlgefallen.

Lied: Gloria (aus EG 54)

L: Er war der andere, den Gott schickte:
Jesus, das Licht der Welt, der Retter, wurde an dem Tag geboren,
an dem wir Weihnachten feiern, in der Nacht des 24. Dezember.
Am kürzesten Tag und in der längsten Nacht, wenn das Licht wieder zunimmt.
Der Johannistag und das Weihnachtsfest schlagen eine Brücke durch unser Jahr, durch unser Leben.
Wir sind getauft wie Jesus und mit ihm verbunden. Auf uns liegt Gottes Geist.
Gott liebt uns, seine Kinder, so wie wir sind.
Jesus spricht: Ich bin das Licht der Welt. Wer mir nachfolgt, wird nicht wandeln in der Finsternis, sondern wird das Licht des Lebens haben. (Joh 8,12)
Jesus spricht: Ihr seid das Licht der Welt. Versteckt euer Licht nicht vor den Leuten, sondern lasst es hell leuchten. (Mt 5,13-16)

Lied: Licht der Liebe (Kehrvers aus »Ein Licht geht uns auf«, Kommt und singt, S. 140), dabei werden die Taufkerzen an der Osterkerze angezündet

Kurzgeschichte

»Johannes bedeutet ›Gott hat sich gnädig erwiesen‹. Was für ein blöder Name!« mault Johannes seinen Freund Chris an.
»Wieso blöd? Das ist doch schön, wenn du einen Namen trägst, in dem Gott vorkommt! Das bedeutet doch, dass du von Gott gewollt bist. Gott hat dich lieb!« – »Ja, okay. Aber meine Eltern, haben die mich auch lieb? Haben die sich nicht überlegt, was es bedeutet, Johannes zu heißen? Und was andere Kinder sich für Späße machen? Wenn einer immer ruft »Johannes kann es!«, das nervt mich!!! Und andere machen aus meinem Namen Joe oder Jojo. Ich bin doch kein Cowboy und kein Spielzeug! Und Johnny will ich auch nicht genannt werden. Auch wenn der Name blöd ist, heiße ich nun mal Johannes. Warum können die nicht alle Johannes zu mir sagen, so wie du?« – »Ich bin eben dein bester Freund«, sagt Chris. »Uns kann keiner was.« – »Stimmt«, sagt Johannes. »Uns kann keiner was.« –
»Und deine Eltern«, sagt Chris, »die haben sich bestimmt was dabei gedacht, dich Johannes zu nennen. Die haben dich doch lieb. Hast du sie mal gefragt, warum du so heißt?« –

»Klar«, antwortet Johannes, »das ist echt der Hammer! Sie haben mich nach Johannes dem Täufer genannt. Stell dir das mal vor! Willst du heißen wie einer, der mit einem Kamelhaarmantel durch die Wüste läuft und Heuschrecken isst?« – »Heuschrecken? Igitt. Aber wahrscheinlich gab's dort sonst nichts zu essen!« – »Ja, so ist es. Meine Eltern finden Johannes den Täufer super. Sie sagen, es ist toll, wenn einer so zu seinem Glauben steht und seine Meinung gut vertreten kann. Das haben sie sich auch für mich gewünscht!« –

»Noch besser!«, ruft Chris. »Ich kann nur sagen: Das stimmt! Du kannst auf jeden Fall zu deiner Meinung stehen. So wie zu deinem Namen. Du bist hartnäckig und lässt dich von den Stärkeren und den Gemeinen in der Schule nicht verunsichern. Du sagst denen immer deine Meinung. Und den Schwächeren hilfst du. Immer.« – »Ja, das ist ja richtig«, antwortet Johannes. »Zum Glück muss ich keinen taufen. Aber ich will auch nicht so enden wie Johannes der Täufer.« – »Enden? Wieso enden???« – »Na, der war doch im Gefängnis. Weil er immer zu seinem Glauben gestanden hat, ist er dort gelandet. Das will ich aber lieber nicht. Und ich will auch nicht sterben, weil irgendein blöder König Lust hat, mich umzubringen.« – »Der war ja richtig mutig, der Johannes!« –

»Ja, das war er. Er hat nämlich den Leuten sein Leben lang von Jesus erzählt. Dass der bald kommt und den Menschen hilft. Und als er kam, hat er ihn sogar getauft! Stell dir das mal vor! Aber als er im Gefängnis saß, da hat er darüber nachgedacht, ob er alles im Leben richtig gemacht hat. Und ob Jesus wirklich der ist, auf den alle warten.« – »Na, das ist doch wohl klar, Johannes!«

»Für Johannes war das nicht mehr klar. Stell dir mal vor, du bist im Gefängnis. Und du weißt, du wirst nicht mehr rauskommen ... Du wirst nicht mehr deine Familie wiedersehen und so. Und dann hat er Jesus fragen lassen: ›Bist du wirklich der, der kommen soll? Oder sollen wir auf einen anderen warten?‹ Jesus hat ihm eine komische Antwort gegeben: ›Blinde sehen und Lahme gehen, Aussätzige werden gesund und Taube hören, Tote stehen auf und Armen wird das Evangelium gepredigt; und selig ist, wer sich nicht an mir ärgert.‹ Ich hoffe immer, Johannes hat diese Antwort geholfen. Jesus hat seinen Jüngern gesagt, wie großartig Johannes ist ...« –

»Mensch, Johannes, das wusste ich alles gar nicht! Wie stolz musst du auf deinen Namen sein!« –

»Vielleicht bin ich das ja auch. Ich will ja immerhin auch so heißen ... Mein Namenstag ist übrigens genau ein halbes Jahr vor Weihnachten. Am 24. Juni. Meine Mutter nennt das immer ›Sommerweihnacht‹. Dann feiern wir abends um 22 Uhr einen Gottesdienst in der Kirche. Die Kirche ist nur mit Kerzen erleuchtet und wir entzünden die Kerzen am Johannesfeuer, das wir vor der Kirche angezündet haben. Da gibt's dann Würstchen und Stockbrot. Und hinterher den Gottesdienst. Das Licht soll bis Weihnachten strahlen! Hast du vielleicht Lust, beim nächsten Mal mitzukommen?«

Ein Anspiel zu Johannes dem Täufer gibt es als Download.

4. Sonntag nach Trinitatis

In vielen Gemeinden wird am Johannestag ein Johannisfeuer entzündet. Daran könnte man anknüpfen und in einer Feuerschale im Freien ein kleines Feuer anzünden. Die Kinder bedenken, was sie in den letzten Tagen falsch gemacht haben. Sie schreiben oder zeichnen es auf ein kleines Blatt Papier. Während der Liedstrophe »Ein Funke kaum zu seh'n« aus dem Lied »Ins Wasser fällt ein Stein« werfen sie ihre Blätter ins Feuer. Beim Glorialied tanzen sie um das Feier. Anschließend kann ein kleines Fest gefeiert werden. Wenn viel Zeit ist, können die Kinder kleine Kartoffeln mit Alufolie umwickeln und in die Glut legen, die dann mit Butter und Salz verspeist werden. Oder sie machen sich Stockbrot, das mit Johannisbeermarmelade gegessen wird.

Rezept für Stockbrot für 12 Portionen
400 g Mehl mit
1 Päckchen Trockenhefe
1 EL Zucker
300 ml warmer Milch
½ Tl Salz und 2 EL Öl
verkneten und etwa 15 min gehen lassen. Danach teilt man den Teig in 12 Teile, rollt die Teigteile an der Feuerschale zwischen den Händen in etwa 20 cm lange Stränge und wickelt sie um je einen Stock. Der Stock sollte etwa 20 cm Abstand zum Feuer haben. Nach ungefähr 10 Minuten ist das Stockbrot fertig.

Zeichnung: © Eva Forssman

5. Sonntag nach Trinitatis

Johannes der Täufer fragt angesichts seiner Gefangenschaft und seines möglichen Todes nach der Veränderung, die Jesus bringt. Hat Johannes sich für den Richtigen eingesetzt?
Am zweiten Sonntag gestalten die Kinder eine gemeinsame Kindergottesdienstkerze mit den Symbolen der biblischen Geschichten: Wasser, Taube … (»Jesus spricht: Ich bin das Licht der Welt …«)

Stichworte:
Buße, Gottes Wille, Handeln, Johannisfeuer, Licht, Nächstenliebe, Taufe, Umkehr

Christine Grans

Wüstengeschichten – Lebensgeschichten

08.07.2018
(6. Sonntag nach Trinitatis)
Wüste als Ort der Klage –
Das Murren des Volkes
(2 Mose 15,22-27)

15.07.2018
(7. Sonntag nach Trinitatis)
Wüste als Ort der Gefahr –
Hagar und Ismael
(1 Mose 21,1-21)

22.07.2018
(8. Sonntag nach Trinitatis)
Wüste als Ort der Versuchung –
Jesus in der Wüste
(Matthäus 4,1-11)

29.07.2018
(9. Sonntag nach Trinitatis)
Wüste als Ort künftigen Heils –
Gott verwandelt die Wüste
(Jesaja 35,1-7)

Es klingt doch irgendwie paradox, dass Wüstengeschichten auch Lebensgeschichten sein sollen. Wüsten erscheinen auf den ersten Blick wirklich »wüst und leer«!

Wüsten begegnen uns auch ambivalent. Zum einen stellen sie eine Bedrohung des Lebens dar. In den Medien sehen wir immer wieder Bilder von hungernden Menschen, verdorrten Pflanzen oder verendeten Tieren. Durch die Verödung des Lebensraums nehmen die Wüsten immer mehr Raum auf unserem Planeten ein. Zum anderen bieten sie auch vielen kleinen Tieren einen geschützten Lebensraum. Bei plötzlichen Regenfällen scheint eine Wüste kurzfristig zu erblühen.

In unseren Texten wird von den verschiedenen konkreten »Wüsten«-Nöten der Menschen berichtet, in denen sich Gott als der gegenwärtige Begleiter und Retter zeigt. Im letzten Gottesdienst wird sogar noch ein Blick in die Zukunft gerichtet: Gott wird die Ursachen der Not beseitigen, wenn die Wüsten erblühen werden und niemand mehr hungern und dürsten muss!

Wenn das Volk Israel murrt und rebelliert, können wir das gut nachvollziehen. Wie oft ist uns auch so zu Mute! Diese Not wiederum kennen wir aus den Medien. Die Israeliten verlangen allerdings nicht, was sie wirklich zum Leben brauchen.

Gottes Größe zeigt sich nicht nur darin, dass er dem Volk Israel das lebensnotwendige Wasser gibt, sondern auch, dass sein Gesetz zu einem erfüllten Leben verhilft.

Auch unter Gottes Segen kann man großen Bedrohungen ausgesetzt sein. Hagar und ihr Sohn Ismael müssen dies erfahren. Durch die Worte eines Engels öffnet Gott Hagar die Augen. In der Wüste ihrer tiefsten Verzweiflung erkennt Hagar die Rettung für sich und ihren Sohn.

Im Alten Testament ist die Wüste auch ein Gegenbild zum Paradies. Eine der »Wüstengeschichten« des Neuen Testaments ist die Versuchung Jesu. Dort widersteht er den Versuchungen des Satans. Dabei muss er vor allem seelische Wüsten durchleben. Jesus hält dabei dem Satan Gottes Wort entgegen. Gott stellt ihm daraufhin Engel zur Seite, die dafür sorgen, dass es ihm in der Wüste gut geht. Doch die größten »Wüstenzeiten« stehen ihm noch in Gethsemane und Golgatha bevor. Da Gott mit der Auferstehung Jesu neues und blühendes Leben schafft, schließt er auch den Kreis zur Versuchung Jesu in der Wüste durch den Satan. Zur Rettung aus »Wüstennot« gehören auch das Erkennen und Benennen der

Not, die Klage darüber, sowie die Hoffnung und die Bitte auf Rettung. Jesaja malt ein herrliches Bild von dieser Rettung: Die Wüste der Hoffnungslosigkeit wird in eine blühende Pracht verwandelt! Freude und Zuversicht beherrschen den Ort, an dem das Volk Gottes Nahrung, Kraft und Mut empfängt. Die Wüste blüht auf und wird zum Paradies werden.

Liturgische Gestaltung

Zusammenkommen – sich Gott zuwenden

In jedem Gottesdienst dieser Reihe wird ein Psalmgebet nach Psalm 139 mit dem Kehrvers »Von allen Seiten umgibst du mich« gebetet.

Psalm 139 mit Liedruf

Lied: Von allen Seiten umgibst du mich

Melodie: Ernst Richter, © beim Autor

Gott, du kennst mich.
Du achtest auf mich.
Nie gibst du mich auf.
Ich sitze oder stehe,
ich liege oder stehe,
du hältst deine Hand über mir.
Von allen Seiten ...

Gott, du kennst alle meine Wege.
Alles, was ich denke und sage:
Du kennst es.
Mein ganzes Leben liegt vor dir.
Wenn ich in Schwierigkeiten bin,
willst du mich begleiten.
Wenn ich nicht mehr ein noch aus weiß
und mich am liebsten verstecken möchte,
dann bleibt dir meine Not nicht verborgen.
Von allen Seiten ...

Gott, ich danke dir,
dass ich wunderbar gemacht bin.
Deine Augen sahen mich,
als ich noch gar nicht geboren war.
Wohin ich auch gehe,
du bist bei mir.
Ob im Leben oder Tod –
nichts kann mich von dir trennen.
Von allen Seiten ... (als Kanon gesungen)

Sendung – Segen

Die Nähe anderer Menschen tut uns gut und macht uns stark. So bitten wir Gott mit Worten und Gesten:

Guter Gott, schenke uns deinen Segen.	*Alle stehen im Kreis.*
Sei bei jedem von uns, wenn wir nun unsere Wege gehen.	*Wir reichen uns die Hände.*
Lass deinen Segen bei uns sein wie ein verbindendes Band.	*Jeder legt die Hand auf die Schultern des Nachbarn.*
Sei bei uns und bei allem, was wir tun.	*Wir drücken die Hände des Nachbarn.*
Amen.	

Kurzgeschichte

Die Wassertropfen

In einem fernen Land, in dem es sehr heiß und trocken ist, spielt unsere Geschichte. Wasserleitungen gibt es nicht. Oft sind die Brunnen in den Dörfern ausgetrocknet. Die Flüsse und Quellen versiegen auch manchmal. So kommt es dann, dass die Wüste immer näher an die Dörfer herankommt. Die Gärten scheinen vom Wüstensand verschluckt zu werden.

An einem besonders heißen Sommertag geht Lea vor der Schule mit den Frauen aus ihrem Dorf zum Fluss hinunter. In großen Tonkrügen holen sie Wasser, denn auch in diesem Jahr ist schon wieder die einzige Quelle versiegt.
Der gefüllte Krug ist sehr schwer. Lea muss sich mächtig anstrengen. Doch sie hält ihn ganz fest mit ihren Armen umschlungen. Da sieht sie etwas in der Luft: Einen Schmetterling! »Wie schön der doch ist – mit den bunten Flügeln!«, sagt sie leise zu sich selbst. Verträumt schaut sie hinter ihm her. Plötzlich stolpert sie über einen Stein und fliegt der Länge nach hin. So ein Schreck! Doch der Krug ist glücklicherweise nicht zersprungen. Er hat aber ein kleines Loch, aus dem etwas Wasser tropft. Was soll sie nur machen? Die Mutter wird ganz traurig sein, wenn sie ohne Wasser nach Hause kommt.
Leas Freundin Ruth weiß Rat: »Wickel doch einfach dein Tuch um den Krug und verstopf damit das Loch!« Schnell ist dies geschehen, doch tropft noch immer etwas Wasser heraus. Als die Mädchen im Dorf ankommen, ist der Krug nur noch halbvoll. Die Mutter klagt: »Was für ein Unglück! Wir haben kein Geld für einen neuen Krug. Warum bist du nur so unvorsichtig gewesen? Alle anderen haben mehr Wasser mitgebracht. Wäre ich doch nur selbst gegangen!« Lea ist ganz traurig, als sie das Klagen der Mutter hört. Deshalb erzählt sie ihr auch nicht, dass sie einen so schönen Schmetterling gesehen hat.

Einige Tage sind ins Land gegangen. Leas Familie hat neue Wasserkrüge bekommen. Lea geht nun doch wieder mit der Mutter und den anderen Frauen aus dem Dorf zum Fluss hinunter. Es ist ein ganz schmaler und staubiger Weg, den sie gehen müssen. Es ist eintönig, denn es gibt am Wegesrand nicht viel zu sehen. Doch an diesem Tag ist es anders: Der Weg ist von Gras und kleinen bunten Blumen gesäumt! In vielen Farben leuchten sie in der Sonne – fast so bunt wie der Schmetterling!
»Das waren deine Wassertropfen! Sie haben den Weg zum Blühen gebracht. Damit hast du uns allen eine große Freude gemacht.«, sagt Ruth lachend. Die anderen Frauen nicken zustimmend und lachen auch.

Karl-Heinz Dirwald nach einer afrikanischen Legende

Kreative Ideen

Wir gehen auch in unseren Gottesdiensten in die Wüste. Dazu wird ein großer Bottich mit Sand oder ein Sandkasten im Gottesdienstraum aufgestellt.

1. Sonntag – Wüste als Ort der Klage – Das Murren des Volkes

Murren und Klagen

1. Alle versammeln sich um die »Wüste« (Sandkasten).
   Wir sehen uns die Oberfläche an, fassen den Sand an und lassen ihn durch die Hände wieder zurückrieseln. Dann beginnen wir, miteinander zu philosophieren:
   - Wie fühlt sich das an?
   - Könnt ihr euch vorstellen, eine ganz lange Zeit in so einer Wüste zu leben?
   - Können sich dort Pflanzen und Tiere wohlfühlen?

2. Die Geschichte wird erzählt.
   Alle dürfen »murren« und »klagen«, weil auch wir das nicht bekommen haben, was wir gebraucht hätten. Wichtig ist, dass das nicht von anderen kommentiert wird, denn diese Empfindungen sind ganz individuell.

3. Papierblüten werden auf buntes Tonpapier kopiert und ausgeschnitten. Für jedes Kind liegt mindestens eine Blüte bereit.
   Auf diese Blüten malen oder schreiben wir, was uns zum »Murren« gebracht hat. Danach »verblühen« unsere Blüten, indem wir die Blätter zusammenfalten und sie im »Wüstensand« verschwinden lassen.

2. Sonntag – Wüste als Ort der Gefahr – Hagar und Ismael

Engel begleiten

Viele Gedanken sind Hagar in der Wüste durch den Kopf gegangen. Als sie ganz verzweifelt war, hat sie (vielleicht) ein Lied über ihre Hoffnung auf Hilfe gesungen – den Engels-Rap!
Wir stimmen in den Rap mit ein. Dazu können wir auch klatschen und stampfen. Jeder wie er mag. Weitere Strophen können dazu erfunden werden. Diese Strophen werden aufgeschrieben. (Engels-Rap: Text: Werner Tiki Küstenmacher, Melodie: Andreas Hantke, aus: Kindergesangbuch, München, Nr. 117)

Engelsfigur

Eine Engelsfigur wird aus Tonkarton und Pappkugel gebastelt: Ein großer Kreis aus Tonpapier wird ausgeschnitten und halbiert. Die eine Hälfte wird mit dem Refrain des Engels-Rap beschriftet. Danach wird dieser Halbkreis als Kegel zusammengeklebt. Einfache Flügel werden aus der anderen Hälfte schnitten und an den »Körper« geklebt.

Zum Abschluss bekommt die Pappkugel Augen aufgemalt und wird auf den Kegelkörper geklebt.
Dieser Engel bekommt einen Platz in unserer Wüste!
Falls ausreichend Zeit zur Verfügung steht, kann sich auch jedes Kind seinen »Wüsten-Engel« basteln. Dazu sollten aber die Grundformen der Engelsfigur und der Rap als Kopien vorbereitet zur Verfügung stehen.

3. Sonntag – Wüste als Ort der Versuchung – Jesus in der Wüste

Orte der Angst und Einsamkeit
Viele Menschen suchen wie Jesus auch unwirtliche Orte auf, weil sie dort in der Abgeschiedenheit zum Nachdenken und zur Ruhe kommen wollen. Gerade diese Einsamkeit, Unwirtlichkeit und Dunkelheit kann auch Angst machen.
Jesus bekommt in der Wüste Gesellschaft vom Satan. Als er dem Satan widersteht, dienen ihm die Engel und sorgen dafür, dass es ihm in der Wüste gut geht.
Wir überlegen, wo es bei uns solche Orte der Einsamkeit und Dunkelheit gibt. Wer wird für uns zum Engel? Vielleicht können auch wir an solchen Orten zu einem guten Begleiter, einem Engel für andere werden?
Wenn wir solche Orte, Wüsten, benennen, machen wir sie für andere sichtbar. Für jeden genannten Ort wird eine Kerze in unsere »Wüstenkiste« gestellt. Dazu wird das Lied »Manchmal ist meine Angst riesengroß« (*siehe Seite 20*) gesungen.

4. Sonntag – Wüste als Ort künftigen Heils – Gott verwandelt die Wüste

Die Wüste erblüht
Material: Wasserschalen, Rosen von Jericho (gibt es für wenig Geld in vielen Gartencentern oder über das Internet.)

Jesaja malt ein wunderschönes Bild von Gottes Anwesenheit in der Wüste. Dies wird darin deutlich, dass die Wüste ihre Unwirklichkeit und Lebensfeindlichkeit verliert, weil sie zu grünen und blühen beginnt.
Wir spüren dem nach, indem Schalen mit Wasser in unsere »Wüste« gestellt werden. In diese Schalen werden »Rosen von Jericho« gelegt. In kurzer Zeit wird aus der vertrockneten grau-braunen Knolle eine saftig grüne Pflanze mit einem würzigen Duft. Warmes Wasser beschleunigt das Aufgehen der Pflanze, so dass die Kinder das Aufblühen im Kindergottesdienst bestaunen können.

Stichworte:
Angst, Begleitung, Engel, Not, Versuchung, Wüste

Karl-Heinz Dirwald

Mensch Petrus!

05.08.2018
(10. Sonntag nach Trinitatis)
Petrus wird berufen
(Matthäus 4,18-22)

12.08.2018
(11. Sonntag nach Trinitatis)
Petrus erlebt die Macht Jesu
(Matthäus 8,14-16)

19.08.2018
(12. Sonntag nach Trinitatis)
Petrus verliert sein Vertrauen
(Matthäus 14,22-33)

26.08.2018
(13. Sonntag nach Trinitatis)
Jesus traut Petrus etwas zu
(Matthäus 16,13-18)

Jesus und Petrus, die beiden haben eine besondere Geschichte miteinander. Dabei ist Petrus nur ein einfacher Mann aus dem Volk, ein Fischer, der sich von Jesus ansprechen lässt und mit ihm durch das Land zieht. Besondere Voraussetzungen, Qualifikationen und Kompetenzen bringt er nicht mit, Jesus fragt auch nicht: »Kannst du das?« In der Berufungsgeschichte fordert er ihn kurz und bündig auf: »Folge mir nach!« Petrus lässt sich auf den Weg mit Jesus ein, der ihn zunächst in den Umkreis seiner vertrauten Heimat, dem See Genezareth, führt. Wie kommt es, dass Petrus so spontan bereit ist, Jesus nachzufolgen? War vielleicht vorher einiges im Argen, so dass Petrus gerne alles zurückgelassen hat? Vielleicht hat Petrus schon vor der Erstbegegnung von Jesus gehört, denn Matthäus stellt der Berufungsgeschichte direkt das Jesajawort voran, in dem es heißt: »Das Volk, das im Finstern wandelt, sieht ein großes Licht …«. Im Zusammensein mit Jesus erlebt der Fischer dessen Macht: Er ist Augenzeuge der Krankenheilung der Schwiegermutter, die von einem Fieber befallen ist. Jesu Verhalten wird in dieser kurzen Szene sehr schlicht und unspektakulär erzählt. Aber gerade in der Einfachheit zeigt sich auch die Souveränität Jesu. Er sieht die kranke Frau und berührt ihre Hand, ohne lange zu fragen, ohne irgendwelche Zaubertricks anzuwenden. Das zeigt die Macht, die er über das Fieber hat. Das Fieber wird personifiziert und stellt sich wie ein Dämon dar, welcher der Übermacht Jesu weicht, wenn es heißt: »Da verschwand das Fieber.« Jesu Macht über die Naturgewalten wird auch deutlich in der berühmten Geschichte, in der Jesus über das Wasser läuft. Petrus lässt sich aktiv von Jesus rufen, und es gelingt ihm, es ihm gleichzutun, bis zu dem Moment, als er den Blick von Jesus wendet. Dann nämlich sieht er die Wellen und denkt an den heftigen Sturm, er kommt ins Zweifeln und beginnt unterzugehen. Wenn ihn Jesus dann nicht wieder aufgefangen hätte! Da zeigt sich auch ein mehrmals berichteter Charakterzug des Petrus: impulsiv, fest im Glauben, wie besonders die Geschichte vom Petrusbekenntnis am letzten Sonntag der Reihe beschreibt, und doch von Zweifel und Versagen umgeben, was natürlich sehr eindrücklich in der Verleugnungsgeschichte an Karfreitag zum Ausdruck kommt. Doch auch das andere ist da: Der Eifer für den Glauben, das Spontane und Begeisterte. Insgesamt ist Petrus zutiefst menschlich und kein Superheld des Glaubens. Darin liegt auch eine Zusage an alle. An Jesus glauben und ihm nachfolgen heißt nicht, immer nur der supererfolgreiche Menschenfischer und Fels in der Brandung sein zu müssen, sondern schließt auch das Scheitern und Versagen mit ein. Das Entscheidende sagt Petrus in Mt 16,16: »Du bist der Messias, Sohn des lebendigen Gottes.« Darauf will Jesus seine Gemeinde bauen.

Zusammenkommen – sich Gott zuwenden

Votum

Wir feiern diesen Gottesdienst im Namen Gottes, des Vaters, der uns alle geschaffen hat, so wie wir sind, im Namen Jesu, der uns in seine Nachfolge beruft, und im Namen des Heiligen Geistes, der uns Mut und Vertrauen schenkt. Amen

Hören und Antworten

Gebet

10. Sonntag nach Trinitatis
Guter Gott, du berufst auch mich, mit dir zu leben und mich auf dich einzulassen. Gib mir gute Gedanken und den Mut, von dir zu erzählen. Lass mich auf dich schauen, denn du bist das Licht der Welt.
Amen

11. Sonntag nach Trinitatis
Guter Gott, viele Menschen fühlen sich schlapp und krank. Schicke ihnen Menschen, die ihnen helfen. Viele sind einsam und leiden unter Angst und Verzweiflung. Schicke ihnen gute Freunde, die ihnen wieder Freude am Leben zurückgeben. Lass auch mich so ein guter Freund sein. Lass mich auf dich schauen, denn du bist das Licht der Welt.
Amen.

12. Sonntag nach Trinitatis
Guter Gott, ich möchte dir gerne folgen und es dir gleichtun. Doch immer wieder verlässt mich der Mut und ich sehe große Schwierigkeiten. Manchmal habe ich Angst, ausgelacht zu werden, wenn ich von dir erzähle. Lass mich auf dich schauen, denn du bist das Licht der Welt.
Amen.

13. Sonntag nach Trinitatis
Guter Gott, lass mich bei dir bleiben und Zeuge für deine Wahrheit und deinen Frieden sein. Gib, dass ich mit vielen anderen zusammen bei dir bleiben und deine Kirche sein kann. Lass mich auf dich schauen, denn du bist das Licht der Welt.
Amen.

Sendung – Segen

Segen
Gott wird in deiner Nähe sein,
was er versprochen, hält er ein.
Er ist gerecht und gut.
Er macht dir Mut.
So segne euch der Vater, der Sohn und der Heilige Geist. Amen.

Kurzgeschichte

Kranksein gehört zu Erfahrungen, die Kinder kennen. Sie wissen, wie wichtig es ist, gut umsorgt zu werden, abgelenkt zu werden und auch Krankenbesuch zu bekommen. Auch in der biblischen Geschichte bekommt die Schwiegermutter Besuch, wird berührt von Jesus. Hier kommen die physische und die psychische Heilung zusammen. In der folgenden Spielszene wird das Fieber personifiziert und die Geschichte aus der Sicht der dunklen Mächte erzählt. Das wird in der Spielszene durch die beiden Minister Virus (körperliche Krankheit) und Malus (seelische Krankheit), die vom König Pyrex (= Fieber) regiert werden. Gegen die positiven Kräfte der Mutter und der Freunde kommen sie nicht an.
Man kann die Geschichte szenisch darstellen, sie eignet sich auch als Figurentheater mit Handpuppen

Personen: König Pyrex, Minister Virus und Malus, Kind Fritzchen

König Pyrex: Hallo Kinder, seid ihr alle krank? Nein? Das ist aber schade, dann gehört ihr nicht zu meinem Reich. Ich bin der König des Fiebers, je heißer, umso besser. Hier sind meine beiden Helfer. Die Minister Virus und Malus. Virus ist Herr über eine Armee von Krankheitserregern. Die schickt er jeden Tag aus auf der Suche nach neuem Gebiet. Das Gebiet, das sind die Menschen. Virus, ich glaube, da haben wir jemanden. *(Auf ein älteres Kind oder einen Mitarbeiter zeigen)*

Virus: Du, ja Fritzchen, du hast dich bestimmt nach dem Baden nicht umgezogen, hast dich einfach an den Beckenrand gesetzt und den anderen beim Springen zugesehen? Dann ist noch ein wenig Wind gekommen? Super, dann feiern wir ein Fest. Juchhu, da haben wir ein leichtes Spiel. Wir kommen ganz schnell und greifen an. Klasse, ich glaube, da läuft schon die Nase. Ist das nicht toll? Meine Soldaten kämpfen gut. Jetzt, Malus, bist du daran. Er ist nämlich zuständig für schlechte Laune, für Einsamkeit und in besonders gut gelungenen Fällen auch für Angst. Wir zusammen sind ein echt gutes Team.

Malus: Ja, das kann man wohl sagen. Wo König Pyrex und Virus sind, da bin ich auch gerne dabei. Virus? Schlaf nicht, komm, hol mal die Gewichte für die Arme und Beine. Sie sollen sich so richtig schwer anfühlen. Dann komme ich und decke noch mal alles mit meinen dunklen Tüchern Langeweile und schlechter Laune zu. Dann liegt unser Opfer schön im Bett und fühlt sich ganz schrecklich. Wunderbar! So ist es richtig! Ich glaube, Virus, jetzt kannst du den Bohrer für den Kopf ansetzen. So richtig fest rein, damit es richtig schön weh tut! Dann lege ich noch mit Einsamkeit und einem Hauch Angst eine Schippe drauf. ... Was ist los, warum machen deine Soldaten nichts?

Virus: Wir tun ja unser Bestes, aber da sind so viele, die gegen uns kämpfen. Es ist unglaublich. Stell dir vor, Malus, da kommt die Mutter und bringt gesunden Tee für Fritzchen. Widerlich! Er wird sich gestärkt fühlen. Wir müssen uns ganz schön anstrengen, wenn wir dagegen ankommen wollen, also motze nicht, sondern tu was.

Malus: Ja, ich habe es auch nicht leicht. Da kommt die Mutter wieder und streichelt Fritzchen, wo ich doch so schön meine Einsamkeit verbreitet habe. Jetzt liest sie ihm auch noch eine schöne Geschichte vor. Entsetzlich! Meine Decke der Einsamkeit, sie fliegt davon. O nein, jetzt auch noch ein Gebet! Das alles zerstört meine dunklen Tücher! Können wir nichts dagegen tun? Diese Mutter fährt ja alle Geschütze auf! Kannst du nicht mal sie außer Gefecht setzen?

Virus: Nein, gegen die Mutter komm ich nicht an, das habe ich schon probiert.

Malus: Wenn uns nichts einfällt, dann sehe ich aber wirklich schwarz. Schau mal, jetzt kommen auch noch die Freunde von Fritzchen und bringen ein Spiel mit. Uns bleibt auch nichts erspart. Wie sollen wir da in Ruhe unsere Arbeit tun? Von Einsamkeit, schlechter Laune und Angst ist da keine Spur.

Virus: Hast du das gehört, Fritzchen hat jetzt sogar gelacht. Ich glaube, Malus, da kannst du jetzt wirklich einpacken. Ich bleibe noch.

Malus: Gib nicht so an, wenn ich gehe, hast du es auch viel schwerer. Da wirst du es auch nicht schaffen. Melde dich gleich mal bei König Pyrex: Bei Fritzchen können wir nicht landen.

König Pyrex: Alle Mann herhören. Ihr habt tapfer gekämpft. Aber unsere Gegner waren zu stark. Mit der Fürsorge der Mutter, ihrem Tee, ihrem Streicheln und der Geschichte wären wir vielleicht noch klargekommen, aber dann auch noch die Freunde! Nein, man muss wissen, wo man aufhören muss. Alle Soldaten herhören! Geordneter Rückzug! Dann wird Fritzchen bald wieder aufstehen und bald wieder gesund.

Kreative Ideen

Bastelidee

Petrus erkennt auf seinem Weg mit Jesus das, was Matthäus den Geschichten von Jesus voranstellt: Das Volk, das im Finstern wandelt, sieht ein helles Licht. Petrus erkennt: Christus ist das Licht. Passend dazu kann man an den vier Sonntagen eine große Kerze gestalten, die jeden Sonntag mit einem neuen Bildchen, die aus Wachsplatten ausgeschnitten sind, versehen wird.

1. Sonntag: Von nun an sollst du Menschenfischer sein *(– Fische aus Wachsplatten ausschneiden und auf die Kerze kleben).*
2. Sonntag: Seine Hand berührte die Frau und sie wurde gesund (– *eine Hand ausschneiden).*
3. Sonntag: *Wellen und ein Boot zieren die Kerze*
4. Sonntag: *Kirche*

Zeichnungen: © Eva Forssman

Aktionen:

10. Sonntag nach Trinitatis: Wie geht es, Menschenfischer zu sein? Wie komme ich mit anderen ins Gespräch über den Kindergottesdienst? Ohne dabei aufdringlich zu werden und ohne die Kinder unter Druck zu setzen, kann man sie ermutigen, vom Kindergottesdienst zu erzählen. Vielleicht, indem sie etwas mitbringen und verschenken: Aus einem beliebigen Plätzchenteig werden kleine Fische gebacken, anschließend schön verpackt. Sie können dann an andere verschenkt werden.
Alternativ kann man kleine Fische aus Tonpapier ausschneiden und schön verzieren.

11. Sonntag nach Trinitatis: Bewegungsspiel: Versteinert
Es werden ein König Pyrex und seine Minister Virus und Malus als Fänger ausgesucht. Wer gefangen ist, bleibt stehen, bis er von einem anderen erlöst wird.

12. Sonntag nach Trinitatis: Fischer, wie tief ist das Wasser?
In diesem alten Kinderspiel geht es darum, von der Start- bis zur Ziellinie zu gelangen, ohne vom Fischer gefangen zu werden.

Es wird ein Fischer *(Fänger)* bestimmt.

Kinder: Fischer, wie tief ist das Wasser?

Fischer: 50 m *(beliebige Zahl, z. B. auch 3 km 70 cm)* tief

Kinder: Wie kommen wir hinüber?

Fischer: schwimmen *(krabbeln, Spinnenlauf, rückwärtsgehen, etc.)*

Sowohl Kinder als auch Fischer müssen sich an die Vorgabe halten; wer gefangen wurde, hilft beim Fischer mit.

13. Sonntag nach Trinitatis: Jeder, der glaubt wie Petrus, ist die Grundlage für die Kirche. Unsere Gemeinde setzt sich aus vielen solchen Menschen zusammen.
Jedes Kind sucht sich einen schönen Kieselstein, je nach Gegebenheiten im Umfeld der Kirche oder von den Mitarbeitern mitgebracht, aus und bemalt ihn mit Wasserfarben oder Steinmalfarbe.
Nach dem Trocknen kann man versuchen, aus diesen Steinen eine Kirche zusammenzusetzen. Das ist ganz schön schwierig. Man muss versuchen, die Steine so aufeinander zu schichten, dass ein stabiles Gebäude entsteht.

Stichworte:
Einsamkeit, Gebet, Heilung, Krankheit, Zuwendung

Karin Lechner

Ich wär' so gern dein Freund

02.09.2018
(14. Sonntag nach Trinitatis)
Wenn einer sagt,
ich mag dich du ...
(1 Samuel 18,1-5; 19,1-7)

09.09.2018
(15. Sonntag nach Trinitatis)
... dann macht das Leben Spaß!
(Johannes 3,28-29)

Freundschaft wird zur Freundschaft, indem man sie lebt. Nicht, indem man sie denkt oder wünscht. Dieser Ratschlag trifft es: Freundschaft kann nur durch Handeln entstehen und aufrechterhalten bleiben. Durch aufeinander zugehen, das Zeigen der Zuneigung, das miteinander Reden und Erleben. Wie heißt es: Freundschaft ist, wenn man miteinander durch Dick und Dünn geht. Dazu gehört auch das miteinander Teilen oder das Verzichten zugunsten des Freundes. An den zwei Sonntagen dieses Kapitels ist die Freundschaft das Leitthema. Am ersten Sonntag wird die wunderbare Freundschaft von David und Jonathan beschrieben. Über soziale Unterschiede hinweg werden die beiden Freunde: David, der Jüngste von acht Söhnen, Hirte vom Lande, und Jonathan, ältester Königssohn und voraussichtlicher Thronfolger. Die beiden hätten eigentlich Konkurrenten sein müssen, da David bereits zum zukünftigen König gesalbt worden war und Gottes Zusage hatte, einst selbst König zu werden. Es kommt anders. Bei ihrer Begegnung »verbinden sich ihre Herzen« zu einer festen Freundschaft. Als Zeichen nach außen schenkt Jonathan dem Hirtenjungen seine Waffen und sein Gewand aus dem Königshaus. Die Freundschaft geht so weit, dass Jonathan sogar einen Angriff des eigenen Vaters auf sich selbst riskiert, als er bei diesem zum Fürsprecher für David wird und diesem das Leben rettet. Eine Freundschaft trägt in guten und auch schwierigen Zeiten. Dies zeigt sich auch im späteren Trauerlied Davids über Jonathan nach dessen Tod (2 Sam 1,26: Mein Bruder Jonathan, mein bester Freund, voll Schmerz und Trauer weine ich um dich; denn deine Freundschaft hat mir mehr bedeutet, als Frauenliebe je bedeuten kann.). Schließlich nimmt David sogar den gelähmten Sohn Jonathans in sein Haus auf (2 Sam 9). Diese Geschichten erzählen vom aktiven Handeln und davon, dass Freundschaft gute und schlechte Zeiten überdauern kann.

Für Kinder sind Freundschaften lebenswichtig und lebensprägend. Neben der Familie lernen sie eine weitere Beziehungsform kennen, die sie durch das Leben tragen kann. Gleichaltrige Freunde haben oft eine ähnliche Erlebniswelt wie sie selbst, sind in ihrer körperlichen und geistigen Entwicklung gleich weit. Ältere Freunde können Vorbilder und Schutz sein. Jüngere Freunde werden gerne unterstützt. Man selbst kann schützender Begleiter sein.

Dass zu diesem aktiven »eine Freundschaft suchen und pflegen« auch einmal die passive Zurückhaltung gehört, wird im Text des zweiten Sonntages beschrieben. Einen Mann, der innehält, und sich mit dem Freund über dessen Wohlergehen freut, beschreiben die Verse des Johannesevangeliums (Joh 3,28-29). Der Täufer Johannes tritt zurück und macht Platz für Jesus und dessen Handeln.

In den Praxisideen soll am ersten Sonntag der Grundgedanke der des aktiven Eintretens für eine Freundschaft sein und am zweiten Sonntag dieses Innehalten zugunsten eines

Freundes betrachtet werden. Dass es bei Freundschaften auch einmal Dürrezeiten gibt, dass Streiten dazu gehört und dass es immer wieder auch Gründe für das Nichtzustandekommen einer gewünschten Freundschaft geben kann, soll ebenfalls Raum finden. Denn auch das wissen die Kinder sicherlich aus ihrem eigenen Erfahrungsschatz zu berichten.

Liturgische Gestaltung

Zusammenkommen – sich Gott zuwenden

Eingangsgebet:

Gott, wir danken dir, dass wir in dieser Runde zusammensitzen. Du hast uns eingeladen. Wir sind nicht allein in diesem Gottesdienst, sondern treffen andere Kinder (und Eltern etc.). Danke für diese Zeit der Gemeinschaft. Amen.

Hören und Antworten

Dankgebet mit Lied:

Mit dem Kindermutmachlied (KG 150) wollen wir Gott danken für unsere Freundschaften mit anderen Menschen und seiner Zuwendung als freundschaftlicher Begleiter in unserem Leben.
Singen Refrain / Vers 1: Gott, wir danken dir, dass Menschen auf uns zugehen und uns sagen, dass sie uns gut finden. Danke, dass wir wissen dürfen, ich bin okay, so wie ich bin.
Singen Refrain / Vers 2: Gott, wir danken dir, dass ich anderen Menschen helfen kann. Danke, dass wir wissen dürfen, ich kann mir zutrauen, für jemanden da zu sein.
Singen Refrain / Vers 3: Gott, wir danken dir, dass wir nicht allein unser Leben meistern müssen. Danke, dass wir wissen dürfen, zusammen sind wir stärker als jeder für sich allein.
Singen Refrain / Vers 4: Gott, wir danken dir, dass du unser Freund sein willst. Danke, dass wir wissen dürfen, dass du uns unterstützt, manchmal direkt durch die Hand eines Freundes und dessen Hilfe.
Amen.

Sendung – Segen

Segen

Wie ein Freund, der lächelnd auf dich zukommt, dir in die Augen schaut und dich fest an die Hand nimmt, so sei Gott bei dir in den kommenden Tagen. Er führe dich durch die Woche, schütze und segne dich. Amen.

Liedvorschläge:

Kindermutmachlied (KG 150), Ich wünsch dir Freundinnen und Freunde (LH 1), Ich gebe dir die Hände (LH 2), So groß wie ein Baum (KiKiHits 75) mit Bewegungsidee

Kurzgeschichte

Hier ein nacherzähltes Märchen aus Tibet. Es greift die Momente der Freundschaft auf, in denen es kriselt. Für alle, die dieses Märchen mit dem Kamishibai erzählen möchten, gibt es die Bilder zum Ausdrucken als Download.

»Vier Freunde und ein Pfirsichbaum«:

Es waren einmal vier Tiere: ein Goldfasan, ein Affe, ein Hase und ein Elefant. Die waren seit langer Zeit Freunde. Sie hörten von einem wunderbaren Pfirsichbaum, der das ganze Jahr Früchte hatte und so alle satt machen konnte. Da beauftragten sie den Goldfasan, einen solchen Baum aus der Ferne zu holen. Dieser machte sich auf und war viele Tage lang unterwegs. Schließlich kehrte er mit einem Schössling des Baumes zurück. Der Hase, der sich gut mit Gärten auskannte, pflanzte den Baum ein. Der Affe düngte den Schössling und der Elefant goss mit seinem Rüssel regelmäßig Wasser über das Bäumchen. Mit dieser guten

Pflege wuchs der Schössling zu einem Baum heran und hatte bald viele Blüten an seinen Zweigen. Eines Tages entdeckte der Goldfasan den ersten reifen Pfirsich an einem Ast. »Ich habe diesen Baum schließlich aus der Ferne herbeigeholt, deshalb steht mir jetzt auch die erste Frucht zu«, dachte sich der Goldfasan, streckte sich nach oben und fraß den Pfirsich.

Und als immer mehr Früchte reif waren, streckte er sich jeden Tag nach den Früchten und wurde satt. Dem Elefanten fiel es auch nicht schwer, sich mit dem Rüssel die leckeren Früchte zu holen. Der Affe klettert ebenfalls in den Baum und bediente sich. Nur der Hase kam nicht an die Früchte des Baumes heran. Er hoppelte unter den Zweigen hin und her und roch nur den betörenden Duft der Pfirsiche. Als die Zeit ins Land ging, wurde der Baum immer größer. Eines Tages reichte der Rüssel des Elefanten nicht mehr an die untersten Zweige heran. So entstand ein Streit zwischen den vier Freunden. Der Elefant rief hinauf in die Baumkrone, wo Affe und Goldfasan gerade beim Fressen waren: »He, ihr zwei. Wir wollen auch Früchte des Baumes fressen. Der Hase hat noch nie einen Pfirsich bekommen. Schließlich hat er den Baum gepflanzt und ich habe ihn regelmäßig gegossen. Ohne uns wäre der Baum nie so groß geworden! Ihr könnt nicht einfach unseren Anteil der Früchte wegfressen!« Doch Goldfasan und Affe taten so, als hätten sie den Ruf der Freunde nicht gehört. In ihrer Ratlosigkeit machten sich der Elefant und der Hase auf zu einem für seine Weisheit bekannten Yak. Dieser kam mit zu dem Baum und begann ein Gespräch mit den vier Freunden. »Woher habt ihr denn diesen wundersamen Baum überhaupt?«, fragte der Yak. Die Freunde erzählten, dass sie alle vier die Idee gehabt hatten, solch einen tollen Futterbaum zu holen und großzuziehen. Der Goldfasan berichtete: »Ich war viele Tage unterwegs und bin weit gelaufen, um den Schössling herbeizuholen.«

Der Hase sagt gleich darauf: »Ja, und nachdem ihr nicht wusstet, was dann zu tun war, habe ich den Schössling genau in der richtigen Höhe in die Erde eingesetzt. Bis jetzt habe ich noch keinen einzigen Pfirsich probieren können. Das ist unfair!« »Auch ich war fleißig, ich habe jeden Tag Dünger herbeigeschafft, damit der Baum genügend Nährstoffe zum Wachsen hat, daran möchte ich euch nur erinnern«, fiel der Affe dem Hasen ins Wort und hüpfte vor dem Yak auf und ab. Da schob der Elefant den Affen mit seinem Rüssel beiseite, trötete laut und sagte nach diesem Fanfarenstoß: »Und wisst ihr, wie viele Rüssel voll Wasser ich dem Baum immer wieder gebracht habe, damit er nicht vertrocknet. Mehr Rüssel als die Sonne jedes Jahr auf- und untergeht! Ja, genau! Da habe ich mir doch auch Früchte verdient!« Nach diesen Reden der vier Freunde sprach der Yak: »Ich höre, dass jeder von euch zum Werden und Leben dieses Baumes beigetragen hat. Jeder sollte deshalb auch Früchte abbekommen vom Baum. Überlegt euch doch gemeinsam, wie ihr das Problem lösen könnt. Dann ist euer Streit um die Früchte gelöst und ihr könnt gute Freunde sein wie zuvor.« Da setzten sich die vier Freunde in den Schatten unter dem Baum und berieten sich. Und alsbald war auch eine Lösung gefunden: Sie wollten jetzt immer zusammen die Früchte ernten und essen. Zuunterst stand der Elefant, auf den kletterte der Affe, auf dessen Rücken zog sich der Hase und ganz oben saß der Goldfasan, der die Früchte pflückte und dann nach unten weiterreichte. So fand jeden Tag ein Festmahl der vier Freunde statt.

Papiererzählfiguren und Beispielbilder im Internet

Kreative Ideen

Zusammen ein Kreuzwortgitter schreiben:

Folgende Fragen werden besprochen:

- Ich bin gerne ein Freund / eine Freundin, weil …
- Das mag ich an meinem Freund / meiner Freundin: …
- Wie war das eigentlich? So ist unsere Freundschaft entstanden: …
- Das mache ich gerne mit meinem Freund / meiner Freundin …
- Das gehört für mich zu einer Freundschaft: Beispiel:

					F	r	a	g	e	n		
	Z	u	h	ö	**R**	e	n					
				n	**E**	t	t					
		t	r	e	**U**							
M	i	t	e	i	**N**	a	n	d	e	r		
			G	e	**D**	u	l	d				
					S	p	a	ß				
			S	i	**C**	h	e	r	h	e	i	t
					H	a	l	t				
V	e	r	t	r	**A**	u	e	n				
					F	r	e	i	h	e	i	t
	A	b	e	n	**T**	e	u	e	r			

Ein Freundschafts-Rezept-Plakat gestalten:
Auf einem als »Rezept« gestalteten Plakat werden Empfehlungen der Kinder für eine gelingende Freundschaft festgehalten. Das kann z. B. sein: dem anderen zuhören, von sich etwas erzählen, kleine Geschenke machen, dem anderen behilflich sein, sich zu fragen trauen, miteinander Zeit verbringen, dem Freund auch andere Freunde zugestehen, nichts erzwingen wollen, ehrlich sein, dem anderen etwas gönnen, selbst auch mal verzichten können, auch streiten gehört dazu …

Foto: © Annette Deyerl

Für ältere Kinder: Als Einstieg wird die Titelmusik des ersten »Bibi und Tini«-Filmes eingespielt *(siehe Youtube)*. Mit den oben genannten Fragen entsteht ein Gespräch. Sind die Kinder bereits auf Whatsapp oder in einem sozialen Netzwerk, können im Gespräch erarbeitete Schlüsselbegriffe nochmals bewertet werden mit dem Like-Zeichen ( ) oder Emoticons ( ) unter den Gesichtspunkten: Das ist mir wichtig, das habe ich auch schon erlebt ... Wie kommuniziere ich mit meinen Freunden (Smartphone, live …)? Gibt es auch »online«-Freundschaften oder gehört das persönliche Aufeinandertreffen unbedingt zu einer Freundschaft …?

Bastelidee Klammer-Gruß
Als kleines Geschenk für einen Freund wird eine Wäscheklammer geschmückt und ein Mini-Papiergruß eingeklebt.

Foto: © Annette Deyerl, Bastelanleitung siehe

Spielideen

- *»Kommst du zu mir?«* – Zublinzeln: Ein einzelner Spieler versucht, sich durch Zublinzeln jeweils den Vordermann der im Kreis stehenden Paare herbeizuholen. Der Hintermann versucht, durch Festhalten die Flucht des Vordermannes zu verhindern. Gelingt die Flucht, wird der Blinzende zur vorderen Person, der Flüchtende zum Hintermann. Die jetzige Einzelperson beginnt durch Blinzeln die erneute Suche.
- *»Wir sind uns einig!«* – Bewegungsmemory: Es werden Paare gebildet. Der »Sucher« geht vor die Tür. Nun vereinbart jedes Paar im Raum eine Bewegung (z.B. winken mit dem rechten Arm). Der Sucher kommt herein und alle laufen mit der Bewegung durch den Raum, ohne als Paar geordnet zu sein. Der Sucher muss die jeweils durch ihre Bewegung zusammenpassenden Paare sortieren.
- *»Wir verstehen uns.«* – Kunstwerke bauen: Es werden Paare gebildet. Hinter einer Decke baut eines der Paarmitglieder eine Anordnung aus verschiedenen Gegenständen (z.B. einen Turm aus Kissen, Tellern, Bechern, Bausteinen). Der andere Partner hat genau die gleichen Gegenstände und soll nun aufgrund der Beschreibung seines Partners dessen »Kunstwerk« nachbauen.

Feier – Freundschaftsessen

Die Begriffe aus dem Rezeptplakat einer gelingenden Freundschaft *(siehe »Kreative Ideen«)* werden symbolisch auf aus buntem Papier ausgeschnittene Obstformen geschrieben, diese werden in einen bereits vorbereiteten Obstkorb zu einer bunten Obstmischung gelegt. Nun kann aus den echten Früchten entweder gemeinsam ein Obstsalat gemacht und gegessen werden. Oder jedes Kind darf sich ein Obstteil aus dem Korb nehmen und essen. Der Obstkorb mit den Zutaten steht in der Mitte.

Stichworte:

Begleitung, Freundschaft, Offenheit, Streit, Vertrauen

Annette Deyerl

Starke Kinder – Kinder stärken

16.09.2018
(16. Sonntag nach Trinitatis)
David besiegt
den Riesen Goliath
(1 Samuel 17)

23.09.2018
17. Sonntag nach Trinitatis
Miriam hat eine rettende Idee
(2 Mose 2,1-10)

30.09.2018
(18. Sonntag nach Trinitatis)
Jesus stellt ein Kind in die Mitte
(Matthäus 18,1-5)

Am Anfang eines neuen Schul- oder Kindergartenjahres stehen Geschichten von Menschen, die große Resilienzkraft haben. Resilienz ist die Fähigkeit, sich auch in stressreichen und beängstigenden Situationen flexibel und angemessen zu verhalten, ohne dabei psychische Störungen davonzutragen. Alle drei Geschichten im September sind Geschichten, die die Resilienz von Kindern stärken können.

David besinnt sich gegen den Riesen Goliath auf seine eigenen Stärken. Er kann sich zwar in einer Rüstung nicht gut bewegen und auch noch nicht mit einem Schwert umgehen, aber ohne Rüstung ist er wendig und schnell und ein Meister mit der Steinschleuder. Er lässt sich vom perfekten Kämpfer Goliath nicht einschüchtern, sondern vertraut auf Gottes Hilfe und seine eigenen Fähigkeiten. Das Bild von David als »klein, aber oho!« ist ein stärkendes Bild für die Kinder.

Einen anderen Weg geht Miriam. Sie sucht sich eine Bündnispartnerin. In dem mörderischen System, das Pharao errichtet hat, ist seine Tochter nicht die erste Person, an die man als Verbündete denken würde. Miriam erkennt aber an ihrem Verhalten, dass die Prinzessin zu Mitleid fähig ist und die Mordpläne ihres Vaters unterlaufen will. So meldet sie sich und die Frauen gehen ein Bündnis miteinander ein. Sie helfen einander praktisch. Das Kind Mose darf noch einige Jahre bei seiner leiblichen Mutter bleiben. Erst als es dem gefährdeten Alter von zwei Jahren entwachsen ist, kommt es an den Königshof. Durch den Schutz der Prinzessin für Mose ist die ganze Familie geschützt. Miriam spricht nicht an, dass dieses Kind ihr Bruder ist. Sie bringt die Prinzessin durch zu viel Wissen nicht in Schwierigkeiten. Nein, das Kind ist aus dem Wasser gezogen, bekommt einen ägyptischen Namen. Alles andere bleibt nach außen im Dunkeln. Miriam ist klug und tapfer. So kann sie ein großes Vorbild werden für kluge und tapfere Mädchen und auf diese Weise deren Resilienzkräfte stärken.

Jesus nimmt eine Kindererfahrung auf. Oft werden sie und ihre Bedürfnisse hintangestellt. Sie gelten in der Welt der Erwachsenen nicht viel, selbst wenn die Eltern die Kinder zum Mittelpunkt ihres Lebens machen. Im Ernstfall geht dann doch die Arbeit vor. Jesus bringt die Kinder in Verbindung mit Demut und niedrigem Ansehen. Und er stellt mit dem Kind alle geringgeschätzten Menschen in den Mittelpunkt, weil man in ihnen das Himmelreich erkennen kann.

Liturgische Gestaltung

Zusammenkommen – sich Gott zuwenden

Für diese Reihe sollen sich die Kinder beim Votum selbst wahrnehmen und staunen, wie sie wunderbar gemacht sind. Sie stehen vor Gott und sie sind wunderbar.

Eingangsgebet

Das Gebet soll sehr rhythmisch gesprochen werden.

Gott ist da und ich bin da.	*Mit der Hand nach oben und auf sich selbst zeigen.*
Mit Haut und Haar	*Mit den Händen über die Haut und die Haare streichen*
Mit Augen, Ohren, Nase, Mund	*Mit beiden Händen auf die Augen, Ohren etc. zeigen*
Das ist gesund.	*Einmal klatschen*
Fünf Finger hab' ich an jeder Hand,	*Mit den fünf Fingern einer erhobenen Hand wackeln*
das ist bekannt.	*Einmal klatschen*
An beiden zusammen aber sind es zehn	*Mit allen zehn Fingern wackeln*
und das ist wunderschön.	*Einmal klatschen*
Mein Herz, es pocht bei Tag und Nacht. Ich horch auf es, geb' auf es Acht.	*Hände aufs Herz legen und flüstern*
Mein Bauch, der ist mal voll, mal leer. Mal ist er leicht, mal ist er schwer.	*Hände auf den Bauch legen und laut sprechen*
Ich sitze hier, du weißt schon wo, auf meinem Stuhl, auf meinem Po.	*Mit den Händen auf den Stuhl, dann auf den Po klatschen*
Vom Kopf bis zu den Füßen bin ich da.	*Mit den Händen vom Kopf bis zu den Zehenspitzen fahren*
Wunderbar. Gott sei Dank!	*Einmal klatschen*

Eva Forssman nach einer Idee von Franz Kett

Sendung – Segen

Alle gemeinsam in Call and Response:

Gott, du kennst mich und du liebst mich.
Ich bin dein Kind. Ich gehöre zu dir.
Ich gehe hinaus in den Tag in deinem Namen.
Segne mich und halte mich an deiner Hand.
Amen.

KiGo-Leiter/in: Geh in Gottes Namen. Gott segne dich und halte dich in seiner Hand. Amen.

Kurzgeschichte

Geschichten, die Kinder stärken in ihrer Resilienz, sollen den Kindern innere Bilder anbieten, mit denen sie sich identifizieren können. Die Bilder sollen ihnen helfen, Lösungsstrategien für Probleme zu entwickeln. Dabei können archetypische Bilder besonders hilfreich sein. In der Geschichte von David und Goliath begegnet uns der jüngste Sohn aus dem Märchen, der einmal König wird. Er trägt das Königliche bereits in sich. Bei Miriam ist es die Prinzessin, die eine wichtige Rolle spielt und im Wasser, der Quelle allen Lebens, ein besonderes Kind findet. Auch das ist ein klassisches Märchenmotiv. Kinder werden ausgesetzt und finden so zu ihrer eigentlichen Bestimmung. Gott wird immer wieder als ein König beschrieben. Wir sind Gottes Kinder, sind in dem Königreich Gottes seine Königskinder, Prinzen und Prinzessinnen. So habe ich eine Geschichte ausgewählt, in der ein Waisenmädchen alle Rohheiten und Gemeinheiten ihrer Umwelt überwindet, weil ihr Vater sie als seine Prinzessin bezeichnet und behandelt hat. Die Geschichte stammt von der amerikanischen Kinderbuchautorin Frances Hodgson Burnett und heißt: A little Princess, 1888.

»Meine kleine Prinzessin« hatte der Vater sie immer genannt. Sarah Crewe kamen die Tränen. Warum hatte er sie nur in dieses Internat bringen müssen? Erst waren ihr alle freundlich begegnet. Miss Minchin, die Direktorin, die Lehrerinnen, die Klassenkameradinnen, die Angestellten der Schule. Wie viele schöne Briefe hatte ihr der Vater geschrieben. Und alle hatten angefangen mit der Anrede: »Meine kleine Prinzessin!« Dann aber war der Vater auf einer Expedition in den Urwald krank geworden und hatte seinen ganzen Reichtum verloren. Schließlich kam die Nachricht, dass der Vater gestorben war. Sarah war verzweifelt. Miss Minchin hatte sie aus ihrem Zimmer ins Büro geholt. Sie hatte Sarah erklärt: »Dein Vater hat nichts als Schulden hinterlassen. Verwandte hast du

nicht. Aber weil ich eine gütige Frau bin, darfst du im Internat bleiben. Nur sollst du ab heute dafür arbeiten.« Seither musste Sarah den Hausmädchen beim Feuermachen helfen, die Treppen putzen, Botendienste erledigen und vieles mehr. Die Erwachsenen und die Kinder sparten nicht an Beleidigungen. Es blieb ihr nur so wenig Zeit für den Unterricht und ihre Hausaufgaben, dass sie oft nachts noch lange aufsaß und lernte. Auch ihr schönes Zimmer hatte sie verlassen müssen und in eine ungeheizte Dachkammer ziehen müssen. Manchmal war sie ihr so kalt, dass sie nicht einschlafen konnte. Sie stellte sich vor, sie sei eine Prinzessin, die von einem bösen Drachen gefangengehalten wurde. Und sie überlegte sich, wie sich eine echte Prinzessin verhalten würde. Würde sie weinen und sich beklagen? Nein. Eine echte Prinzessin würde alles Böse ohne Murren ertragen und immer noch freundlich zu allen Menschen sein. Daran erkannte man doch eine echte Prinzessin. In sich hörte sie noch die Stimme ihres Vaters: »Meine kleine Prinzessin«. Nachts zog sie ihre dünne Decke enger um sich herum und versuchte sich zu wärmen. In den besonders kalten Nächten begann die Stimme leiser und leiser zu werden und Sarah war nur noch ein kleines, verfrorenes und einsames Mädchen. Bis eines Tages die kleine Lottie zu ihr ins Bett kroch. Lottie weinte. Sie war so schlecht im Unterricht, dass sie immerzu ausgelacht wurde. Sarah tröstete Lottie. Lottie steckte Sarah immer wieder Essen zu und Sarah übte mit ihr Lesen und Schreiben. Nachts erzählte Sarah Geschichten von warmen und wunderbaren Ländern, von Prinzessinnen, die alle Schwierigkeiten überwanden. In diesen Nächten wurde in Sarah die Stimme ihres Vaters wieder lauter: »Meine kleine Prinzessin.«
Eigentlich könnte unsere Geschichte hier aufhören, aber eine richtig gute Geschichte soll auch ein richtig gutes Ende bekommen. Und so kam eines Tages ein reicher Gentleman in Miss Minchins Internat und fragte nach Sarah Crewe. Er war der beste Freund ihres Vaters gewesen. Sarahs Vater hatte ihn vor seinem Tod zu Sarahs Vormund bestimmt. Darum wollte er Sarah zu sich nach Hause nehmen. Warum er nicht früher gekommen war? Weil er über ein Jahr schwer krank gewesen war, natürlich. Und hat sich Sarah an Miss Minchin für alle Gemeinheiten gerächt? Nein, natürlich nicht. Eine wirkliche Prinzessin kann verzeihen.

Nacherzählt von Eva Forssman

Kreative Ideen

16. Sonntag nach Trinitatis

David geht kreativ mit seiner Angst vor dem Riesen um. Im Buch Josua heißt es auch, dass die Angst Riesen züchtet. Angst lässt uns Gefahren verzerrt sehen. Um Kinder zu stärken, besser mit ihrer Angst umzugehen, soll hier spielerisch die Möglichkeit eingeübt werden, die Perspektive zu wechseln.

David-Goliath-Symbolspiel:
Material: Schuhschachteln und Eddings
Die Kinder benennen Situationen oder Dinge, die bei ihnen Angst auslösen. Jede Äußerung wird mit Edding auf eine Schuhschachtel geschrieben oder gemalt. Die Schuhschachteln werden aufeinandergestapelt. Am Ende ergeben sie einen hohen Turm der Angst. Jedes Kind, das sich das traut, darf sich direkt vor diesen »Angstturm« setzen und den anderen Kindern davon erzählen, wie sich das anfühlt. Danach steigen alle Kinder auf Stühle oder Tische und betrachten den »Angstturm« von einer anderen Warte. Im anschließenden Gespräch wird mit den Kindern darüber nachgedacht, was sich verändert, wenn die Perspektive wechselt, was einem helfen kann, die Perspektive zu wechseln etc.

17. Sonntag nach Trinitatis

Miriam und die Prinzessin kooperieren miteinander, um das Kind im Binsenkörbchen zu retten. An diesem Sonntag soll der Tanz »Körbchen im Nil« eingeübt werden, der die Kinder zur Kooperation anleitet.

Tanz »Körbchen im Nil«
Für die jüngeren Kinder:
Die Kinder stehen im Kreis, ohne sich an die Hände zu fassen. Sie wiegen sich leicht hin und her wie die Wellen im Nil. Eines der Kinder geht in einer Schlangenlinie um die anderen herum. Wenn das Lied am Ende ist, berührt es das nächststehende Kind mit der Hand. Dieses Kind setzt jetzt die Schlangenlinie fort, bis das Lied erneut ans Ende gekommen ist.

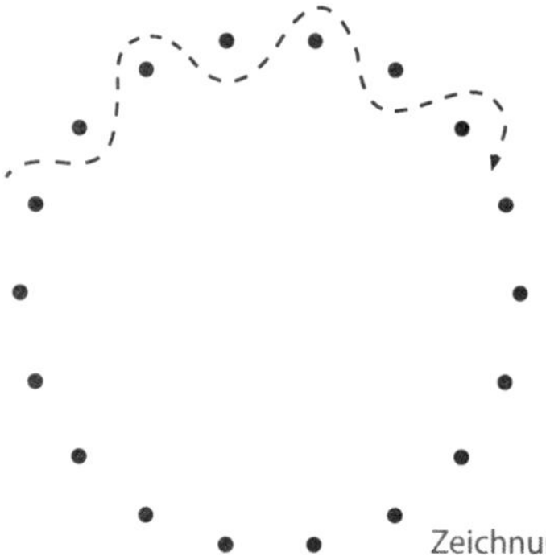

Zeichnung: © Eva Forssman

Für die älteren Kinder:
Hier kann eine Variante getanzt werden, bei der sie in einem Außen- und einem Innenkreis stehen. Zuerst macht der Innenkreis die Wiegebewegung und der Außenkreis geht im Uhrzeigersinn in einer Schlangenlinie um die Kinder des Innenkreises. Beim zweiten Durchgang geht der Innenkreis gegen den Uhrzeigersinn um die Kinder des Außenkreises herum.

Zu beiden Tänzen kann das abgedruckte pentatonische Lied gesungen werden. Ansonsten passt arabische Musik.

Lied: Der Binsenkorb

Text: Eva Forssman, Melodie: Quelle unbekannt

Tanz »Körbchen im Nil«, nach einer Idee aus: Rudolf Kischnick, Will van Haren, Der Plumpsack geht um. Kreis- und Bewegungsspiele für Kinder und Jugendliche, 3. Aufl., Stuttgart 1998, S. 50.

Alternativ kann auch »Prinzessin hilf« gespielt werden:

Der Fänger versucht, möglichst viele Kinder zu fangen, die dann ausscheiden. Wer ein anderes Kind anfasst und »Prinzessin hilf!« ruft, darf nicht abgeschlagen werden. Dieses Spiel fördert den Gemeinschaftssinn der Kinder.

18. Sonntag nach Trinitatis

Kind in der Mitte
Hier eignet sich ein Singspiel in Anlehnung an das Kindergartensingspiel vom Dornröschen.

Einen Kreis bilden. Alle Kinder wiegen den Kopf

1. Die Jünger fragten Jesus, Jesus, Jesus.
   Die Jünger fragten Jesus, Jesus, Jesus.

2. Wer ist der Größte im Himmel, Himmel, Himmel?
   Wer ist der Größte im Himmel, Himmel, Himmel?
   (Sich auf die Zehenspitzen stellen und strecken.)

3. Da holte Jesus den/die *(Name des Kindes singen)* herein, *(Name)* herein, *(Name)* herein.
   Da holte Jesus den/die *(Name des Kindes singen)* herein, *(Name)* herein, *(Name)* herein.

Ein Kind spielt Jesus und holt das andere Kind in den Kreis.

4. Herr Jesus holt dich in den Kreis, in den Kreis, in den Kreis.
   Herr Jesus holt dich in den Kreis, in den Kreis, in den Kreis.

5. *(Name des Kindes)*, du bist ein schönes Kind, schönes Kind, schönes Kind.
   (Name des Kindes), du bist ein schönes Kind, schönes Kind, schönes Kind.

Dabei klatschen.

6. Nur wer so wird wie ein Kind, wie ein Kind, wie ein Kind.
   Nur wer so wird wie ein Kind, wie ein Kind, wie ein Kind.

Sich klein machen

7. Nur so einer kommt ins Himmelreich, Himmelreich, Himmelreich.
   Nur so einer kommt ins Himmelreich, Himmelreich, Himmelreich.

8. Da staunen alle Jünger, Jünger, Jünger, Jünger.
   Da staunen alle Jünger, Jünger, Jünger, Jünger.

9. Da tanzen alle Kinder, Kinder, Kinder.

Miteinander in Pärchen tanzen.

   Da tanzen alle Kinder, Kinder, Kinder.

(Das Spiel wird in kleineren Gruppen für jedes Kind wiederholt, bei großen Gruppen können drei Kinder auf einmal in den Kreis kommen und es werden dann drei verschiedene Namen gesungen.)

Stichworte:
Angst, Gemeinschaftssinn, Himmelreich, Prinz, Prinzessin, Resilienz

Eva Forssman

»Schau hin, das ist Gottes Schöpfung«

07.10.2018
(Erntedank)
Schau hin –
wir feiern Erntedank
(1 Mose 1,26-31)

14.10.2018
(20. Sonntag nach Trinitatis)
Schau hin –
Gott hat die Welt geschaffen
(1 Mose 1-2,4a)

21.10.2018
(21. Sonntag nach Trinitatis).
Schau hin –
Gott sieht dich an
(Psalm 139,13-16.23-24)

28.10.2018
(22. Sonntag nach Trinitatis)
Schau hin –
Gottes Schöpfung leidet
(Römer 8,18-24)

Hine! *(hebräisch)* – Siehe, schau genau hin! Nimm eine neue Perspektive ein. Nimm Gottes Sichtweise ein. So laden uns drei wundervolle Schöpfungstexte der Bibel ein.

Wir Menschen kommen dabei besonders in den Blick mit unserer Beziehungsfähigkeit zu unseren Mitgeschöpfen, zu uns selbst und zu Gott, dem Schöpfer allen lebendigen Lebens.

Wie können wir in Würde die uns geschenkte Gottesebenbildlichkeit – so ähnlich wie Kinder ihren Eltern (1 Mose 5,3) – verantwortungsvoll ins Spiel bringen angesichts aktueller Bedrohungen?

Wie bringen wir unsere Erfahrungen mit den Erfahrungen von Menschen vor über 2000 Jahren in Beziehung?

Wie können Lieder von der Schönheit der Schöpfung in uns Jubel und Dank zum Klingen bringen?

Wie kann die Hoffnung auf eine Welt ohne Gewalt und ohne Leiden der Schöpfung uns schon jetzt in unserem Denken, Handeln und Klagen neu ausrichten?

Wie nehmen wir Kinder mit ihrer Lebenswirklichkeit mit hinein in die Erfahrungswelt von Menschen, die sich von Mutterleib an mit Gott verbunden fühlten?

Wie verstricken wir uns nicht in naturwissenschaftliche Grundsatzfragen, sondern öffnen Begegnungen mit den glaubensgesättigten Erfahrungen der Bibel?

Hine! Siehe, schaue genau hin, wie Gott selbst. Und staune …

Zusammenkommen – sich Gott zuwenden

Psalm 8 i.A. – Mein Gott, du siehst mich.

Call and Response:
Die einzelnen Zeilen werden jeweils laut gelesen und von allen gemeinsam wiederholt.

Mein Gott, du herrschst über alle Menschen.
Wie machtvoll ist dein Name auf der ganzen Erde
und überall im Himmel.

Sogar im Schreien von kleinen Babys ist deine Macht zu hören.
Lautstark.
Böse Menschen laufen schnell davon.

Mein Gott, wie gern schaue ich mir deinen Himmel an.
Das riesige Weltall am Abend.
Den Mond und die vielen Sterne.
Alle hast du gemacht.

Und dann staune ich und frage mich:
Was sind wir Menschen, dass du an uns denkst?
Wieso siehst du nach deinen Menschenkindern?

Und ich höre:
Du hast uns nach deinem Ebenbild gemacht,
männlich und weiblich.
Auch mich.

Deine Würde tragen wir
und dein Glanz strahlt aus uns.
Auch aus mir.

Ich danke dir, mein Gott.
Du siehst mich.
Du öffnest meine Augen.
Wie schön ist deine Welt.

Halleluja!

Lied: Ich glaube, dass Gott mich geschaffen hat

Text: Martin Luther, Melodie: Siegfried Macht, © Strube Verlag, München

Hören und Antworten

Martin Luthers Auslegung des 1. Glaubensartikels – Von der Schöpfung – in Leichter Sprache.

Call and Response:
Die einzelnen Zeilen werden jeweils laut gelesen und von allen gemeinsam wiederholt.

Ich glaube:
Gott hat mich geschaffen
gemeinsam mit allem, was lebt.

Er gab mir einen Leib und eine Seele,
Augen, Ohren, Arme, Hände und Beine.

Ich kann denken,
hören, sehen, riechen, schmecken und fühlen.

Ihm verdanke ich
meine Klamotten zum Anziehen,
Schuhe, Essen und Trinken.

Mein Zuhause, meine Familie,
unseren Garten, unsere Haustiere und
alles, was wir zu Leben brauchen.

Gott sorgt gut für uns.
Er beschirmt uns in Gefahren.
Und behütet uns vor allem Übel.
Er bewahrt uns.

Gott handelt wie ein guter Vater,
gütig und barmherzig.

Ich habe gar nichts dafür geleistet.

Darum sage ich:
Danke, guter Gott.
Dir singe ich mein Loblied.
Und ich will dir treu sein
und machen, was dir gefällt.

Das ist gewisslich wahr.

Kurzgeschichte

Die Erzählung kann in ein Gespräch führen über eigene Erfahrungen mit entdeckten und gesammelten Schöpfungsgaben: Früchte, Steine, Muscheln …

Wenn sich die Blätter der riesigen Kastanienbäume hellbraun färbten und der Wind in stürmischen Böen durch die fallenden Blätter rauschte.
Dann begann für meinen Bruder und mich und die anderen Kinder in unserer Straße eine der schönsten Zeiten im Jahr: Kastanienzeit.
Schon in der Schule konnte ich den Mittag kaum erwarten. Ich lief, so schnell ich konnte, mit meinem Lederranzen nach Hause. Mittagessen. Hausaufgaben am Küchentisch. Und dann ging es endlich raus.
In jeder Hand einen großen Eimer – so trafen wir uns alle unter den riesigen Kastanienbäumen am alten, leerstehenden Gutshaus.
Wer mag diese Bäume gepflanzt haben? Wie alt waren sie?
Ob es der Baron war oder die Kinder der ehemaligen Gutsfamilie?

Wir verteilten uns in kleine Gruppen und stapften vorsichtig durch das hohe Kastanienlaub.
Wir mussten ziemlich gründlich hinschauen, um die grünen, extrem stacheligen Kastanien zu finden. Meistens war eine kleine Spalte in der Hülle. An dieser Spalte konnte man die Hülle auseinanderbrechen.
Und dann lag der Inhalt wie ein Schatz vor den Augen: glänzend feucht mit einem weißen Punkt.
Vorsichtig wurde die Kastanie aus der Schale gepult und in einen Eimer geworfen. Die schönsten und größten Kastanien aber wurden in die Hosen- oder Jackentaschen gesteckt.
Einige Tage später fielen die Kastanien meistens wie dicke Tropfen von den Bäumen. Wir hatten unsere Pudelmützen zum Schutz aufgesetzt.
Wir schleppten immer wieder die schweren gefüllten Eimer nach Hause und schütteten die Kastanien in große Jutesäcke. Und wie die Kastanien dufteten!
Fünf bis sechs Zentner sammelten mein Bruder und ich jedes Jahr.
Für die Tiere im Wald. Für die Winterfütterung der Rehe und Hirsche.
Und dann, als die Bäume kahl in den Himmel ragten, kam der große Tag. Ein Lastwagen hielt an der alten Milchbank und Vater schob mit uns Jungs Sack für Sack in einer Handkarre dorthin. Von allen Seiten strömten Kinder und Väter herbei.
Die Säcke wurden einzeln auf eine große Waage gewuchtet. Der Fahrer stellte solange Gewichte darauf, bis Sack und Gewicht im Gleichgewicht waren.
Und dann drückte er uns lachend einige Markstücke in die Hand.
Aber eigentlich waren die gar nicht so wichtig.
Wichtig waren die Kastanien, die wir aus den Hosen- und Jackentaschen pulten. Unsere schönsten Funde! Mit ihnen bauten wir mit Nadelstecher und Streichhölzern unzählige Tiere und Figuren. Oft bis Weihnachten.
Manchmal, wenn ich in alten Kisten auf dem Dachboden krame, kullert mir eine Kastanie entgegen, ganz eingeschrumpelt. Und mit ihr die herrliche Freude an Gottes Schöpfung.

Dirk Schliephake

Kreative Ideen

Erntedank – Schau hin – wir feiern Gottes Schöpfung

Gott beauftragt den Menschen in einem Segenswort, sich Erde und Tiere zu unterwerfen. So ist die Schöpfung von Anfang an geprägt in einer Spannung zwischen Mitgeschöpflichkeit und Behauptung des Menschen, der den geschenkten Lebensraum durch Arbeit gestalten muss. Ackerbau und Viehzucht gelingen nicht ohne »Gewalt« wie z.B.

Aufreißen der Erde, Anspannen von Tieren vor den Pflug, Scheren von Schafen, Zähmen von Pferden. Alles soll aber ohne das Töten von Tieren zur Nahrung geschehen (vgl. 1 Mose 9,2ff.).

Apfelschau

Äpfel vom Erntealtar werden an alle Gottesdienstteilnehmenden verteilt. Bei ruhiger Musik ist genügend Zeit, den eigenen Apfel intensiv zu betrachten.
Dann werden die Äpfel von Mitarbeitenden quer mit einem Messer geteilt. In den beiden Hälften wird ein Stern sichtbar. Ohne das »gewaltsame« Aufschneiden des Apfels bleibt der Stern als verborgenes Schöpfungszeichen unsichtbar.

Foto: © Holger Forssman

Lied: In meinem kleinen Apfel

Nach der Melodie von Wolfgang-Amadeus Mozart

1. In meinem kleinen Apfel,
schau hin, wie sieht´s dort aus?
Ein Stern von Gottes Himmel
ist mittendrin zu Haus.

2. Verborgen in dem Apfel,
geheimnisvoll versteckt.
Zeigt er mir Gottes Güte,
Wie lecker er gleich schmeckt!

Text: Dirk Schliephake, 2017

Die Apfelhälften werden miteinander geteilt und gemeinsam gegessen.
Vieleicht kann sogar ein Apfelbaum vor der Kirche gepflanzt werden als Hoffnungsbaum.
Martin Luther sagte einmal: Wenn ich wüsste, dass morgen die Welt unterginge, würde ich heute noch ein Apfelbäumchen pflanzen.

20. Sonntag nach Trinitatis – Schau hin – Gott hat die Welt geschaffen

Das Schöpfungslied erzählt in hymnischer Form nicht von der Erschaffung der Welt aus dem Nichts, sondern von der Umgestaltung eines Leben verhindernden Zustands in

eine geordnete (Zeitstrukturen und Arten), vor allem für Menschen lebensförderliche Welt.
Wirklichkeitserfahrungen von Menschen im Exil in Babylon werden in Bildern interpretiert. So wird die Erfahrung des Morgenlichtes, das vor dem Sonnenaufgang sichtbar wird als durch Gottes wirkendes Wort erschaffen besungen. Sterne werden ihrer »babylonischen Göttlichkeit« entkleidet und auf reine Zeit- und Festfunktionen reduziert. Frei davon ist der Sabbat als ein gesegneter Ruhetag für Gott, Menschen und Tiere.

Schöpfungsentdeckungs-Tour mit Fernrohr
Kinder und Mitarbeitende gestalten aus festerem Papier lange Fernrohre (Durchmesser ca. 2-3 cm). Mit diesen Fernrohren gehen alle in einem bestimmten Garten-, Wald- oder Wiesenstück auf Entdeckungsreise in Gottes Schöpfung. Durch den kleinen Bildausschnitt – das andere Auge schließen – werden ungewohnte Entdeckungen möglich, an denen sonst achtlos vorbeigegangen wird.
Nacheinander laden sich alle zu ihren jeweiligen Entdeckungsorten ein:
Schaut, ob ihr meine Entdeckung auch entdeckt!
Anschließend erzählt der/die Entdecker/in, was ihn/sie besonders berührt an dieser Entdeckung in Gottes Schöpfung.

Lied: Die ganze Welt, Gott, kommt von dir

2. Du, Christus, du warst Mensch und Gott, bist auferstanden von dem Tod

3. Ist Gottes Liebe spürbar nah, dann, Heil'ger Geist, dann bist du da.

Text: Ute Passarge, Melodie: Jochen Arnold 2009 (nach EG 442), © Strube Verlag, München

21. Sonntag nach Trinitatis – Schau hin – Gott sieht dich an

Es gibt keinen Ort, an dem ein Mensch aus Gottes Behütung fällt. Gott wirkt auf geheimnisvolle Weise mit bei der Entstehung des Embryos im Mutterleib. Seine Kraft ist im Mutterleib wirksam (Hiob 31,15; Jesaja 44,24; 49,5).
Sein Wirken wird als handwerkliches Tun beschrieben: Weben und Buntwirken. Eine typische Arbeit von Frauen.
Gottes Augen sehen bereits das entstehende Leben (Ps 139,16)! Wie wundervoll: Ich werde nicht übersehen, sondern wahrgenommen, beachtet. Eine Erfahrung, nach der sich Kinder und auch Erwachsene immer wieder lebenslang sehnen.

Tipp: Dirk Schliephake. Berührende Begegnungen. KIMMIKPraxis-GreenLine10, Hildesheim 2016, www.michaeliskloster.de

Mein Fingerabdruck – ein Gedanke Gottes
Von allen wird ein Fingerabdruck (Zeigefinger oder Daumen) mit schwarzer Stempelfarbe auf einem weißen Papierblatt genommen. Der Name darunter notiert. Nach dem Trocknen werden die einzelnen Fingerabdrücke auf DIN-A6-Größe aus Aquarellpapier kopiert.
Mit Aquarellfarben und dünnen Pinseln wird der eigene Fingerabdruck individuell gestaltet. In einer Fingerdruck-Ausstellung beschreiben zunächst die Betrachtenden ihre Eindrücke, anschließend der/die jeweilige Künstler/in.

22. Sonntag nach Trinitatis – Schau hin – Gottes Schöpfung leidet

Paulus beschreibt keine heile Welt. Das Leiden der Glaubenden ist eingebunden in ein Seufzen der ganzen Schöpfung, die unter Geburtswehen stöhnt.
Doch die sehnlich erhoffte Befreiung der Schöpfung aus der Versklavung durch die menschlich korrupte Sündenmacht, gibt schon jetzt Widerstandskraft für den beginnenden Befreiungsprozess der Kinder Gottes.
In gigantischen Massenschlägen wurden Tauben als Opfertiere gehalten. Das Seufzen Klagender wird mit dem Gurren dieser Tauben verglichen (Jesaja 59,11).

Wir schauen genau hin: Solidarischer Klageweg der Hoffnung
Gemeinsam werden mit einem großen Holzkreuz Orte in der Nähe aufgesucht, wo Menschen, Tiere oder die Schöpfung leiden. Alternativ werden in der Kirche Klagestationen aufgebaut mit Zeitungsberichten über die leidende Schöpfung.
An jedem Ort wird jeweils schweigend das Kreuz gestellt. Dann wird das Leiden benannt und gemeinsam ein Kyrie-Klagelied der Hoffnung gesungen.

Lied: Kyrie (So viel Kummer, so viel Dunkel [LH 212])

2. Gib uns Trost und schenk uns Hoffnung, guter Gott, erbarme dich.
Bleibe bei uns, sei uns nahe, guter Gott, erbarme dich.

Text: © Adelheid Schnelle, Melodie: aus Lettland

Stichworte:
Apfel, Erntedank, Gott sieht mich, Martin Luther, Leiden, Schöpfung

Dirk Schliephake

Madita – Michel – Krümel und die anderen Kinder Gottes

Die Seligpreisungen erklärt mit Geschichten Astrid Lindgrens

04.11.2018
(23. Sonntag nach Trinitatis)
Madita sagt: Nein! – Gerechtigkeit
(Matthäus 5,6)

11.11.2018
(Drittletzter Sonntag des Kirchenjahres)
Michel verteilt um – Barmherzigkeit
(Matthäus 5,7)

18.11.2018
(Vorletzter Sonntag des Kirchenjahres)
Michel stiftet Frieden – Friedfertigkeit
(Matthäus 5,9)

25.11.2018
(Ewigkeitssonntag)
Krümel findet Trost – Leid
(Matthäus 5,4)

Im Evangelium nach Matthäus lehrt Jesus in Kapitel 5 mit der Bergpredigt seine Jünger.
Gleich zu Beginn finden sich dort die Seligpreisungen, von denen 4 für diese Reihe ausgewählt wurden. Jeweils eine Seligpreisung steht im Mittelpunkt eines Kindergottesdienstes.
Das Wort »selig« ist sowohl für Erwachsene, als auch für Kinder schwer zu verstehen. Am einfachsten ist es mit dem Wort »glücklich« zu übersetzen. Wer sich so verhält, wie in den Seligpreisungen beschrieben, darf sich freuen und wird erfüllt von Glück, denn Gott gefällt dieses Verhalten und es trägt dazu bei, dass die Welt ein besserer Ort wird. Auch die Kinder sind aufgefordert, dabei mitzutun. Doch wie verhalte ich mich entsprechend der Bergpredigt?
Zum Verständnis können hier Geschichten von Astrid Lindgren beitragen.
Was ist gerecht? Wie verhalte ich mich gerecht und was tue ich, wenn andere ungerecht handeln. Madita aus dem Kapitel »Mia« in »Madita« gibt hier ein gutes Beispiel.
Der eigentlich stets zu Streichen aufgelegte Michel aus Lönneberga zeigt in »Das große Aufräumen von Katthult«, wie es gehen kann, barmherzig zu handeln und sich mitfühlend gegenüber anderen zu verhalten. Bei der Geschichte von der »Auktion in Backhorva« sieht man, wie man durch geschicktes Handeln zum Friedensstifter werden kann. Das Thema Leid am Ewigkeitssonntag ist auch Kindern nicht fremd. Sie erfahren es in schwierigen Situationen zu Hause, in der Kita oder Schule. Vor allem bei der Konfrontation mit dem Thema Tod, mit dem sich das Buch »Brüder Löwenherz« intensiv auseinandersetzt.

Liturgische Gestaltung

Die Kinder versammeln sich um eine Kerze und eine aufklappbare Herzform. (Herzdosen in verschiedenen Größen gibt es bei der Kirche unterwegs in Bayern.)

Zusammenkommen – sich Gott zuwenden

Votum mit Gesten

Wir feiern zusammen im Namen Gottes, der uns Menschen sein Herz schenkt,
Herz zeigen
im Namen Jesu, der für alle ein offenes Herz hat,
Herz aufklappen
und im Namen des Heiligen Geistes, der die Herzen der Menschen füreinander öffnet.
Herz einander weitergeben

Hören und Antworten

Gebet mit Gesten nach Psalm 146

Halleluja, lobet den Herrn! Glücklich sind alle, die Gott vertrauen.	*Beide Arme nach oben strecken*
Er hat Himmel und Erde gemacht.	*Mit den Händen Himmelszelt und Erde formen*
Er macht die Blinden sehend.	*Hände vor die Augen halten und wegnehmen*
Er richtet die Gebeugten auf.	*Nach vorne beugen und aufrichten*
Er behütet Fremde und Freunde.	*Sich an den Händen fassen*
Er ist immer für uns da. Halleluja!	*Beide Arme nach oben strecken*

23. Sonntag nach Trinitatis

Madita sagt: Nein! – Gerechtigkeit (Matthäus 5,6)

Erzähler (E) liest in der Bibel. Eine Handpuppe (HP) kommt dazu.

HP: Was liest du denn da?

E: Ich lese gerade in den Seligpreisungen.

HP: Was ist denn das?

E: Das sind Sätze, die Jesus gesagt hat. Zum Beispiel: Selig sind, die hungert und dürstet nach Gerechtigkeit, denn sie sollen satt werden.

HP: Ich verstehe kein Wort. Also mal der Reihe nach. Was ist denn selig?

E: Na, selig bedeutet eigentlich so etwas Ähnliches wie glücklich zu sein. In einer Geschichte von Astrid Lindgren hat Madita einmal gesagt: »Seligkeitsdinge sind solche Sachen und Geschenke, die geradezu unbeschreiblich wunderbar sind.«

HP: Unbeschreiblich wunderbar, das klingt schön. Aber sag mal, Astrid Lindgren hat doch die Geschichten von Pippi Langstrumpf erzählt, wer ist Madita?

E: Von Madita erzählt Astrid Lindgren in einer anderen Geschichte.
Madita geht in eine Klasse mit Mia. Und die beiden mögen sich eigentlich gar nicht leiden.

HP: Das kenne ich, jemanden in der Klasse nicht leiden zu können, das gibt es öfter.

E: Madita sagt zu Mia »Läusemia«, denn angeblich hat sie Läuse. Dafür beschimpft Mia Madita und sagt zu ihr Plusterpute.

HP: Au, das sind klingt nicht gerade nett.

E: Jetzt lass mich doch mal weiter erzählen und unterbrich mich nicht immer.

HP: Na gut, was ist nun mit Madita und Mia.

E: Mia fordert Madita zu einer Mutprobe heraus. Sie müssen beide auf das Schuldach klettern.

HP: Oh, das ist aber gefährlich.

E: Ja und das Schwierigste, die Leiter führt am Fenster des Schulrektors vorbei. Und am Tisch direkt neben dem Fenster liegt der Geldbeutel des Rektors.
Mia und Madita schaffen die Mutprobe, aber am nächsten Tag fehlt der Geldbeutel des Rektors und Mia kauft für die anderen Kinder Pralinen.

HP: Hat sie den Geldbeutel geklaut?

E: Vermutlich ja, aber es kommt noch schlimmer.

HP: Hat sie noch was angestellt?

E: Nein, aber der Rektor findet alles heraus und schlägt Mia vor der ganzen Klasse.

HP: Schlagen, aber das geht doch gar nicht.

E: Genau und deswegen ruft Madita ganz laut »Nein«.

HP: Da hat sie Recht. Geldbeutel darf man nicht stehlen, aber schlagen erst recht nicht.

Madita hat gemerkt, das ist ungerecht. Ich glaube, jetzt habe ich verstanden, was du am Anfang vorgelesen hast.

Drittletzter Sonntag des Kirchenjahres

Michel verteilt um (Matthäus 5,7)

HP: (*singt das Lied von St. Martin*) Ich weiß schon, heute hören wir die Geschichte von St. Martin.

E: Nein, ich wollte dir eine andere Geschichte erzählen.

HP: Da bin ich aber gespannt.

E: Fritz ist 8 Jahre alt. Heute ist er allein zu Hause, seine Mutter musste unbedingt noch etwas einkaufen, dabei war der Kühlschrank schon voll bis zum Rand. Am Abend sollte nämlich ein großes Fest stattfinden. Freunde und Verwandte waren eingeladen. Die Mutter hatte Kuchen gebacken, die Martinsgans lag bereit, ebenso wie Kartoffeln, Klöße, Salat, Gemüse und Obst.

Da aber noch ein bisschen Zeit ist, bis die Gäste kommen, macht sich Fritz auf den Weg zum Spielplatz.

Unterwegs sieht er vor einem Gebäude eine Schlange von Leuten stehen. »Was machen die denn da?«, denkt Fritz und geht neugierig näher.

Er sieht, wie die Leute Brot, Obst und Gemüse in einen Korb gelegt bekommen. Aber die Schlange ist so lang, dass er sich fragt, ob das Essen in den Regalen für alle reichen würde. Und wirklich, als die erste Hälfte der Kunden bedient worden war, gab es kein Brot mehr.

Eine Frau fing auf einmal an zu weinen und sagte: »Was sollen denn meine Kinder essen?« Fritz denkt sich: » Was ist denn das für ein komisches Geschäft?« Schnell läuft er nach vorne zur Verkäuferin und sagt: » Da hinten steht eine Frau, die braucht Brot für ihre Kinder.«

»Es tut mir leid«, sagt die Frau, »aber wir haben kein Brot mehr.«

»Was ist denn das für ein seltsames Geschäft, in dem das Brot alle ist?«, sagt Fritz.

»Wir sind kein Geschäft«, sagt die Frau. »Hier ist die Tafel.« Tafeln kennt Fritz nur aus der Schule. »Wir bekommen Sachen, die im Geschäft nicht mehr verkauft werden und geben sie an Leute, die nur ganz wenig Geld haben. Aber manchmal reicht es eben nicht für alle.«, erklärt die Frau.

Jetzt versteht Fritz, dass dies kein normales Geschäft ist.

Aber er hat eine Idee. Er steigt auf sein Rad und fährt schnell nach Hause. Dort nimmt er Mutters Einkaufstasche und legt so viel Essen, wie er kann, hinein. Dann bringt er die Sachen zur Tafel.

HP: Oh, da war die Mutter aber bestimmt sauer. Wo doch am Abend Gäste kommen sollten. Ist die Geschichte auch von Astrid Lindgren?

E: Nein, aber von ihr stammt eine Geschichte, da hat der Michel aus Lönneberga es ähnlich gemacht.

HP: Da haben St. Martin, Felix und Michel ja was gemeinsam.

Vorletzter Sonntag des Kirchenjahres

Michel stiftet Frieden – Friedfertigkeit (Matthäus 5,9)

HP: Wow, da war am Freitag was los nach der Schule.
E: Du bist ja ganz aufgeregt, was war denn?
HP: Der Timo und der Daniel, die haben sich auf dem Heimweg geprügelt.
E: Und was hast du gemacht?
HP: Na, zugeschaut natürlich. Die anderen haben sie sogar noch angefeuert, aber das wollte ich dann doch nicht machen.
E: Jesus hat einmal gesagt: »Selig sind, die Frieden stiften, denn sie werden Gottes Kinder heißen.«
HP: Was selig ist, hast du mir ja schon erklärt, aber Frieden stiften, wie soll ich das machen? Wenn ich mich einmische, bekomme ich sonst auch noch Prügel.
E: Du hättest ja jemanden zu Hilfe holen können. Der Michel aus Lönneberga hatte in so einem Fall auch eine gute Idee. Er hat die Kämpfenden einfach mit einer Ladung Wasser vollgespritzt.
HP: Ui, dass musst du mir genauer erzählen.

Ewigkeitssonntag

Krümel findet Trost – Leid (Matthäus 5,4)

Anna freut sich riesig, heute darf sie den ganzen Tag bei Oma verbringen. Am Vormittag haben sie zusammen gespielt, dann gab es natürlich ihr Lieblingsessen und jetzt wollen Oma und Anna zusammen zum Friedhof gehen. Dort besuchen sie Opas Grab, denn Opa ist vor ein paar Jahren gestorben und Anna hat ihn eigentlich gar nicht mehr so richtig kennen gelernt. Aber Opas Grab besucht sie mit Oma immer gerne. Auf dem Friedhof ist es ganz still. Nur ein paar Vögel zwitschern und ein Sonnenstrahl kitzelt Anna an der Nase. Dann stehen sie vor Opas Grab. Oma hat ein paar frische Blumen mitgebracht, die sie einpflanzen möchte. Inzwischen schaut Anna sich den Grabstein an, sie liest die Buchstaben und Zahlen und rechnet aus, wie alt Opa geworden ist. Weil Oma noch nicht fertig ist, geht Anna durch die Reihen. Mit einem Mal sieht sie ein Grab, auf dem ein Engel steht und ein kleiner Grabstein. Anna liest die Worte: »Unser kleiner Engel Andreas 1980-1983«.
Erschrocken läuft sie schnell zu ihrer Oma und fragt: »Oma, können Kinder auch sterben?«
»Ja, leider, liebe Anna. Manchmal sind sie krank oder haben einen Unfall. Wenn wir nach Hause kommen, lese ich dir dazu eine Geschichte vor. Sie erzählt von den Brüdern Löwenherz, sie sterben und erleben in Nangijala viele Abenteuer, bevor sie am Ende beim großen Licht in Nangilima ankommen.
»Oma, komm schnell nach Haus, damit du mir noch mehr von den Brüdern Löwenherz erzählen kannst.«

Kreative Ideen

Herzleporello
Während der Einheit kann ein Herzleporello mit 4 aufklappbaren Herzen entstehen. Jedes Herz wird mit der Seligpreisung des jeweiligen Sonntags beschriftet und kreativ gestaltet.

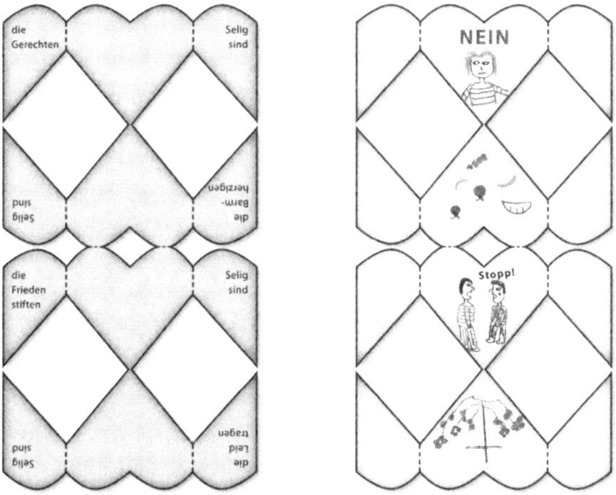

Zeichnungen: © Janine Lobenhofer

Streit schlichten
Zwei Kinder spielen eine Konfliktsituation vor. Die anderen suchen kreative Möglichkeiten, den Streit zu beenden. Vielleicht kann man aus der Schule Streitschlichter und Streitschlichterinnen dazu einladen, die ihr Streitschlichterprogramm vorstellen.

Würfelspiel
Einen Spielplan mit ca. 30 Feldern vorbereiten, dieser kann auch mit Bildern zur Reihe bunt gestaltet werden (Beispiel hierzu siehe).
Auf dem Plan werden 16 Felder markiert. Wenn man auf ein markiertes Feld kommt, muss man eine Vorgabe, die man vorher vereinbart und schriftlich festgelegt hat, erfüllen. Z.B. du hast jemanden geholfen, der ungerecht behandelt wurde, dann rücke 3 Felder vor. Du hattest Streit und bist ärgerlich, dann darfst du erst weitergehen, wenn du eine 1 gewürfelt hast.

Stichworte:
Barmherzigkeit, Freundschaft, Friedfertigkeit, Gerechtigkeit, Leid, Seligpreisungen, Streit, Teilen, Tod, Trauer, Trost

Janine Lobenhofer

Auf dem Weg
Advent und Weihnachten nach Matthäus

02.12.2018
(1. Advent)
Ein Licht scheint in der Finsternis
(Jesaja 9,1-6)

09.12.2018
(2. Advent)
Ein Engel bei Josef
(Matthäus 1,18-25)

16.12.2018
(3. Advent)
Der Aufbruch der Sterndeuter
(Matthäus 2,2)

23.12.2018
(4. Advent)
Die Reise der Sterndeuter
(Matthäus 2,1-9)

24./25./26.12.2018
(Heiligabend / Weihnachten)
Geschenke für das Kind
(Matthäus 2,10-11)

30.12.2018
(1. Sonntag nach Weihnachten)
Die Flucht nach Ägypten
(Matthäus 2,13-23)

06.01.2019
(Epiphanias)
Die Rückkehr der Sterndeuter
(Matthäus 2,12)

Mit der Adventszeit beginnt ein neues Kirchenjahr. Der Weg zu etwas Neuem oder in etwas Neues hinein wird im kirchlichen Kontext vor dem kalendarischen Jahreswechsel begangen. Dieser Weg führt nicht nur zur Krippe im Stall von Bethlehem, sondern auch in die Welt und unser ganzes Leben.

Diese Weg-Geschichten aus dem Matthäus-Evangelium ranken sich um die Erzählungen über die sogenannten »Heiligen Drei Könige«. Es geht um den Aufbruch zu einem unbekannten, verheißenem Ziel, die Reise dorthin und die Rückkehr in die Heimat. Ein Licht weist die Richtung, zeigt den Weg an.

Jesaja beschreibt in einer Vision das Bild einer gerechten und friedvollen Welt, das durch das »Licht, das in der Finsternis scheint«, zu den Menschen kommt. Die Weisen werden wohl diese Textstelle gekannt haben. Denn, als sie ein besonderes Himmelslicht entdeckt hatten, deuteten sie dies so, dass der Friedefürst in Israel zur Welt gekommen sei. Sie konnten sich nur noch dahin aufmachen.

Josef steht in vielen Krippenbildern und Weihnachtsgeschichten eher am Rand des Geschehens. Bei Matthäus steht er plötzlich im Mittelpunkt: Ihm erscheint der Engel! Er ist ein direkter Nachfahre des großen Königs David, aus dessen Geschlecht der Messias kommen wird!

Matthäus berichtet wenig von der Reise der Weisen, der »Heiligen Drei Könige«. So ist es offen, wie sie nach Jerusalem kamen. Woher kannten sie das Ziel? Was mögen sie alles auf der Reise erlebt haben? Auch wird im Evangelium nicht geschrieben, wie viele Männer es waren oder wie ihre Namen waren. Vom Stern wird nur berichtet, dass er »aufgegangen« sei. Auf dem Weg der Weisen von Jerusalem nach Bethlehem erschien er diesen wieder und zeigte ihnen den Geburtsort.

Die Weisen vermuteten nach ihrer langen und bestimmt auch abenteuerlichen Reise den neugeborenen König der Juden, den »Friedefürst«, am Königshof. Der herrschende König Herodes ist aber keineswegs friedlich gesinnt und versucht, die Weisen zum Aufspüren des vermeintlichen Konkurrenten einzusetzen. Doch durch seine Berater bekommen sie den entscheidenden Hinweis auf den Geburtsort. Immer wieder leitet sie der geheimnisvolle Stern!

Die Weisen bringen dem Neugeborenen wertvolle Geschenke mit. Diese Gaben symbolisieren auch Werte, die für uns Menschen heute wichtig sind:
Gold steht für Wohlstand, Myrrhe für Gesundheit und Weihrauch für Spiritualität. Weihrauch und Myrrhe sind auch Medizinprodukte.
Diese wertvollen Geschenke haben gewiss auch der jungen Familie geholfen, die Flucht und den Aufenthalt in Ägypten zu überstehen. Ein Engel zeigt ihnen, wann sie gefahrlos in die Heimat, diesmal nach Nazareth, zurückkehren können.

Auch die Weisen erhalten eine Engelsbotschaft. Deshalb ziehen sie auf einer anderen Route zurück in ihre Heimat, damit sie nicht Herodes Auskunft über den neugeborenen König geben müssen. Auch werden sie ihren Heimweg als gesegnet empfunden haben, denn sie hatten schließlich das Ziel ihrer Reise erreicht und den neugeborenen König gefunden. Im Brauch der Sternsinger wird diese Reise heutzutage nachgespielt: Die »Heiligen Drei Könige« ziehen an Epiphanias von Haus zu Haus. Sie singen, beten und schreiben einen Segensspruch über die Türen: 20 * C+M+B * 18 (Christus mansionem benedicat – Christus segne dieses Haus)!

Liturgische Gestaltung

Zusammenkommen – sich Gott zuwenden

Dies ist eine lange Gottesdienstreihe. Der »Weg« durch diese sieben Gottesdienste wird von einer gleichbleibenden Liturgie begleitet.

Psalmgebet nach Psalm 86

Ich bin bei euch *(siehe nächste Seite)*

Lied: Ich bin bei euch *(als Kanon gesungen)*

Text und Melodie: Wolfgang Longardt, © beim Autor

Eine(r): Manchmal brauche ich jemanden,
der mir den Weg zeigt und dem ich folgen kann.
Alle: Ich bin bei euch
Eine(r): Manchmal brauche ich jemanden,
der mir ein Zeichen gibt und mir die Richtung weist.
Alle: Ich bin bei euch
Eine(r): Manchmal brauche ich jemanden,
der mir zuhört und mich versteht.
Alle: Ich bin bei euch
Eine(r): Manchmal brauche ich jemanden,
der mir die Welt erklärt und mir ein Beispiel gibt.
Alle: Ich bin bei euch
Eine(r): Manchmal brauche ich jemanden,
der mich aufrichtet und mit dem ich lachen kann.
Alle: Ich bin bei euch

Sendung – Segen mit Gesten

Guter Gott, segne für uns	*wir stehen im Kreis, die Hände gekreuzt vor die eigene Brust legen*

die Sonne, die Sterne und den Mond, die unser Leben hell machen.	*die Hände nach oben heben*
Segne für uns den Himmel und das Wasser, die uns umhüllen.	*die Hände beschreiben einen Kreis um uns herum*
Segne für uns die Tiere und Menschen, die uns begleiten.	*die Hände werden nach vorn ausgestreckt und werden langsam zur Seite bewegt*
Guter Gott, segne uns und die ganze Erde.	*nun werden die Hände des Nachbarn ergriffen, und der Kreis ist damit geschlossen*

Amen

Kurzgeschichte

Licht in der Dunkelheit

Sabine kommt von einer Freundin nach Hause. Sie wirft ihren Rucksack ins Kinderzimmer und stürmt in die Küche. Sie hat schließlich viel erlebt heute Nachmittag. Das muss sie jetzt unbedingt erzählen. Sabine stoppt: »Wie sieht es denn hier aus?! Mama, sag du noch einmal, dass mein Zimmer unordentlich ist. Wenn ich das hier sehe ...«

Es ist ein sonderbarer Anblick, der sich ihr in der Küche bietet: Ihr Bruder Philipp knetet mit beiden Händen irgendeinen Teig am Esstisch. Er selbst und alles um ihn herum ist mit Mehl überzogen. Mama sitzt auf einem Kinderhocker und bindet einen Adventskranz. Um sie herum liegen auf dem Boden lauter Häufchen mit verschiedensten Zweigen. Sabine schüttelt den Kopf: »Wo ist denn Papa?« »Auf dem Speicher! Er sucht die Kerzenhalter«, antwortet Mama. Nun schaut auch Philipp von seinem Teigklumpen auf: »Und du, du hättest ruhig früher kommen können. Wir hätten nämlich deine Hilfe gut gebrauchen können. Oder wolltest du dich `mal wieder drücken?«

Sabine muss nun auch ihre Meinung dazu sagen. Schließlich müsse dies alles ja nun wirklich nicht am Samstag vor dem 1. Advent gemacht werden. Typisch ihre Familie! Bei ihren Freundinnen zu Hause sei alles schon lange geschmückt und Adventskränze gäbe es auch schon länger. Und bei Jule hätten sie sogar schon einen Weihnachtsbaum! Aus dem Backofen qualmt es. Mama und Philipp springen gleichzeitig auf. »Das Buttergebäck! Hoffentlich ist es nicht verbrannt!« Sabine schüttelt den Kopf: »Ich habe euch ja gesagt, dass ihr das schon viel früher hättet machen können. Dann wäre hier nicht so ein Durcheinander!«

Papa ist mittlerweile vom Speicher gekommen: »Gewiss hätten sie ein paar Stunden früher mit den Adventsvorbereitungen beginnen können. Doch vielleicht hatte Mama da andere Dinge zu erledigen? Und ihr wart in der Schule. Aber viel früher? Das geht nicht, denn die Adventszeit beginnt erst jetzt. Wir zünden morgen auch nicht gleich alle vier Kerzen auf einmal an. So wird es Sonntag für Sonntag heller, bis Weihnachten all die vielen Lichter brennen.«
»Naja, jetzt ist es dunkel«, stellt Philipp nüchtern fest. Zuvor hat es einen Knall gegeben. Die Sicherung ist wohl herausgesprungen. Sabines Stimme klingt nicht mehr ganz so energisch: »Ich habe ein wenig Angst im Dunkeln und kalt ist mir auch.« Sie wagt nicht, sich von der Stelle zu rühren. Die anderen Drei suchen vergeblich nach einer Taschenlampe. Schließlich schnappt sich Papa einfach eine der Adventskranzkerzen, die er bei der Lampensuche umgestoßen hat, zündet sie an und stellt sie vor Sabine auf den Tisch. Philipp grinst: »Damit meine kleine Schwester sich nicht fürchten muss!« Er sieht sich um und wird etwas nachdenklicher: »Ist es euch auch schon aufgefallen, dass alles irgendwie im Kerzenlicht gemütlicher aussieht? Und das sogar bei diesem Durcheinander hier!« »Und wärmer wird es auch; dabei brennt nur eine einzige Kerze! Ist doch toll, wenn an jedem Adventssonntag eine Kerze mehr brennt. – Und jetzt könnt ihr zu den Sicherungen im Keller gehen«, meint Sabine etwas altklug.

Doris Dirwald

Kreative Ideen

Ein langer Weg
Wir begleiten die Weisen auf ihrem langen Weg zum Kind.
Dies geschieht einmal dadurch, dass wir in den Gottesdiensten den Weg mitgehen. Und zum anderen, dass wir durch Aktionen und Spiele nach den Hintergründen, Gefährdungen und Konsequenzen fragen.
Es ist schön, wenn im Gottesdienstraum ausreichend Platz zur Verfügung steht, damit ein wirklich begehbarer Weg entstehen kann. Dieser Weg sollte nach Möglichkeit auch während der ganzen Reihe sichtbar liegen bleiben können.

Material: 1 große Papierrolle (Restrolle aus der Zeitungsdruckerei oder evtl. auch Papiertischdecke); Plakatkarton, Papprollen, Farbe und Kleber

Ein Licht scheint in der Finsternis

1. Der Weganfang

Die Weisen stehen am Anfang des Weges und sind unsicher, wohin er wohl führen wird. Dann entdecken sie den großen neuen Stern:

Bastelanleitung Stern

Material: Goldfolie, Scheren

Es wird ein großer Stern gebastelt, der die Weisen auf ihrer Reise begleiten wird. Zunächst wird er am Anfang des Weges platziert.

Aus den Papprollen und Buntpapieren entsteht ein »Fernrohr«. Wer Zeit und Lust hat, kann dieses auch als Kaleidoskop bauen. Dieses Fernrohr wird an den Wegesrand gelegt.

Kaleidoskop basteln

Material: bunten Tonkarton, Spiegelfolie, Kleber, Schere, Tesa, je eine kleine Plastikdose mit 6 cm Durchmesser und 1 cm Höhe, Transparentpapier, kleine Sternchen, Muscheln, Perlen oder Ähnliches, um die Dose zu füllen.

Nach der Vorlage die Hülle des Kaleidoskops ausschneiden. Die Innenseite mit drei Streifen Spiegelfolie (je 20 x5 cm) bekleben. Den Tonkarton an den angegebenen Stellen falzen und die Klebelasche B an die Seite B ankleben. Die Spiegelfolie muss innen liegen!

Im gleichseitigen Dreieck E an der vorgesehenen Stelle ein Loch einschneiden, die beiden Klebelaschen an die Teile C und D kleben. Die Plastikdose innen am Boden mit Transparentpapier abkleben, dann mit kleinen Sternchen, Muscheln etc. füllen, schließen und mit Tesa verkleben. Die gefüllte Dose an den drei Seiten des dreiseitigen Prismas unten ankleben, evtl. mit doppelseitigem Klebeband. Fertig!

Foto und Bastelanleitung: © Eva Forssman

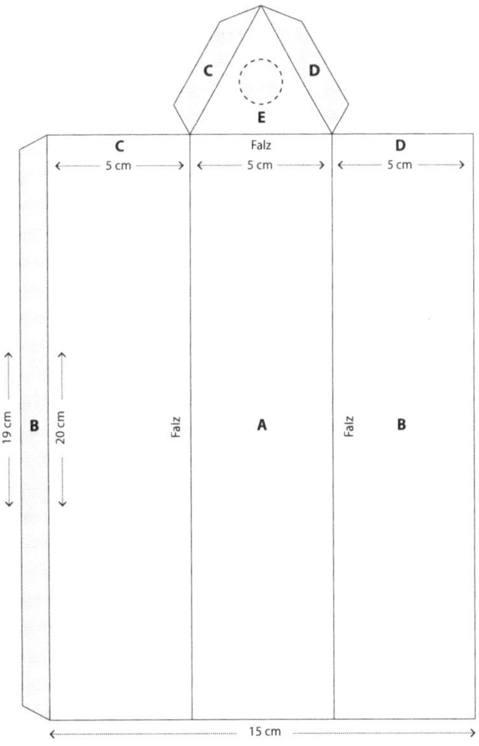

2. Lichtzeichen in der Dunkelheit

Durch Lichtsignale wurden schon immer Botschaften weitergegeben. Dies kann auch durch das Morse-Alphabet geschehen.

Lichtzeichen in der Dunkelheit

Das Morse-Alphabet, so genannt nach seinem Erfinder Samuel Morse, dient seit über 150 Jahren der Nachrichten-Übermittlung. Im Telegrafenverkehr werden die Zeichen auf elektrischem Wege schriftlich, im Funkverkehr durch lange und kurze Töne übermittelt. Für euch ist es am einfachsten, die Zeichen durch Lichtsignale mit einer Taschenlampe weiterzugeben.

D.W.

Wenn ihr das Morse-Alphabet auswendig lernt, könnt ihr euch jederzeit mit Licht- oder Klopfzeichen verständigen.

Findest du heraus, welche Botschaft die folgenden Morse-Zeichen übermitteln?

·––– | · | ··· | ··– | ···

·· | ··· | –

··– | –· | ··· | · | ·–·

·–·· | ·· | –––– | – |

–··· | ·–·· | ·· | –·–· | –·–

Als Pausen zwischen den Zeichen könnt ihr „Ein-und-zwan-zig" zählen.

····–· = kurz kurz kurz lang kurz			
a ·–	k –·–	u ··–	1 ·––––
ä ·–·–	l ·–··	ü ··––	2 ··–––
b –···	m ––	v ···–	3 ···––
c –·–·	n –·	w ·––	4 ····–
d –··	o –––	x –··–	5 ·····
e ·	ö –––·	y –·––	6 –····
f ··–·	p ·––·	z ––··	7 ––···
g ––·	q ––·–	? ··––··	8 –––··
h ····	r ·–·	ch ––––	9 ––––·
i ··	s ···	Warten ·–···	0 –––––
j ·–––	t –	Ende ·–·–·	Verstanden ···–·

Die vollständige Liste der Morse-Zeichen steht in jedem Lexikon.

Jesus ist unser Lichtblick

Zeichnung: Doris Westheuser, aus: Religion – spielen und erzählen, Band 1, Gütersloh 1997, S. 175, © by Doris Westheuser

Es wird überlegt, welche Botschaft mit den Lichtzeichen wohl übermittelt wird. Diese Botschaft übertragen die Kinder in Morsezeichen auf ein Blatt und legen sie auf den Weg.

3. Ein Engel bei Josef

Ein Engel begegnet Josef. Weil Josef den Worten des Engels glaubt, ist er in der Lage, seinen Lebensweg weiter mit Maria gegen alle Vorurteile der Gesellschaft zu gehen. Engel begleiten Josef und auch die Weisen weiterhin.

Wir basteln eine große Engelsfigur und setzen sie an den Wegesrand.

Bastelanleitung Engel

Material: Gekämmte weiße Schafwolle im Band, Goldkordel, Nähzeug

Ein ca. 40 cm langes Stück weiße Schafwolle in der Mitte bei ca. 20 cm mit einem weißen Faden abbinden. Den restlichen Faden hängen lassen, damit man den Engel später auch aufhängen kann.

Aus einem weiteren, kleinen Stück Wolle eine Kugel von ca. 2 cm Durchmesser formen.

Unterhalb der abgebundenen Stelle wird die kleine Wollkugel auf den Strang gelegt und der Kopf des Engels abgebunden.
Danach wird ein ca. 15 cm langes Stück Schafwolle längs halbiert. Die eine Hälfte brauchen wir für die Flügel. Dieses Stück Wolle legen wir zwischen die Wollstücke unterhalb des Kopfes. Darauf kommt die andere Hälfte für die Arme. Die beiden Enden werden so umgeschlagen, dass die Arme etwa 4 cm auf jeder Seite aus dem Körper ragen. Die Hände des Engels werden mit weißem Faden abgebunden. Hier muss man die Fadenenden nach dem Knoten abschneiden.
Dann wird unterhalb der Flügel und Arme erneut abgebunden. Das Gewand und die Flügel des Engels werden in Form gezupft. Die Flügelspitzen werden mit angefeuchteten Fingern zu einer kleinen Spitze gerieben.
Zum Schluss bindet man mit der Goldkordel ein Kreuz über die Brust des Engels.

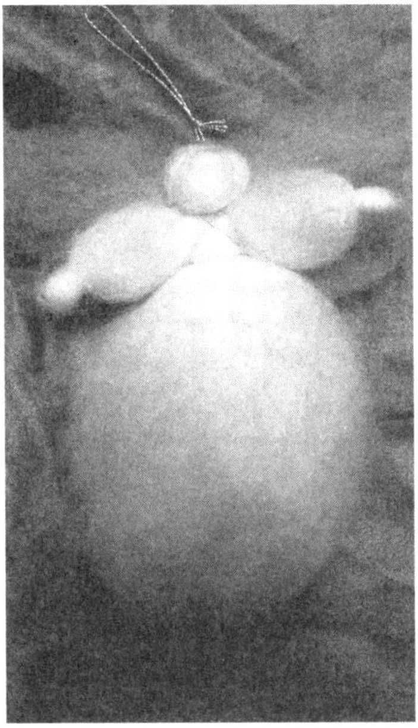

Foto: © Holger Forssman
Bastelanleitung: © Eva Forssman

4. Der Aufbruch der Sterndeuter

»Ich packe meine Karawane …«
Wir überlegen, wie wohl der Aufbruch der Sterndeuter verlaufen sein könnte. Jedes Kind überlegt, was es an Stelle der Weisen mit auf die weite Reise nehmen würde: … Gemeinsam wird ein Reisebündel geschnürt, das später auf dem Weg zurückgelassen wird. Für den Inhalt kann zum Beispiel Reiseproviant bereitliegen.
Jedes Kind stellt auch für sich einen kleinen Beutel her, in den etwas persönlich Wichtiges (Bild, Brot, Geld, kleines Kuscheltier, …) gepackt werden kann.

Bastelanleitung Reisebeutel
Material: Stoff-, Filz- oder Lederreste, Wolle, Nähnadeln, Scheren, evtl. Lochzange
Aus dem Stoff werden Kreise ausgeschnitten. Am Rand entlang wird ein Faden mit einem einfachen Steppstich eingezogen. Der Faden muss überhängen und darf am Anfang und am Ende nicht verknotet werden. Wenn nun an den beiden Fadenenden gezogen wird, entsteht der Beutel. Die Enden werden dann als Schleife gebunden.

5. Die Reise der Sterndeuter

Ein Königspalast
Die Sterndeuter haben den Palast des Königs Herodes erreicht. Dieser Palast ist überaus prächtig und schön anzusehen. Dort muss doch der neugeborene König zu finden sein!

Bastelanleitung Palast
Material: Pappkartons, Papprollen, Plaka-Farbe, Pinsel, Leim, doppelseitiges Klebeband
Aus den Kartons und Papprollen wird ein wunderschöner und prächtiger Palast gebaut. Dieser Palast steht nun am Rand unseres Weges. Er zieht alle Blicke auf sich.

6. Geschenke für das Kind

Ein wahrer Schatz
Der Stern ist weiter mit den Weisen (und auch mit uns) den Weg entlang gezogen. Endlich zeigt er den Sterndeutern den Ort, an dem der neugeborene König zu finden ist. Die Karawane wird abgeladen und aus dem Gepäck wird eine kunstvoll verzierte Schatzkiste geholt. Diese Schatzkiste ist ein mit Glitzerfolie, Glasnuggets und Perlen verzierter Schuhkarton.
Mit den Kindern wird überlegt, was wohl der Inhalt sein könnte. Nach und nach wird das Geheimnis gelüftet: Drei kleine Beutel mit Gold (Schoko-Goldtaler), Weihrauch (über Kath. Pfarrämter oder Sakralbedarfshandel zu beziehen) und Myrrhe (aus der Apotheke) sind darin.
Geschenke zu bekommen, vielleicht sogar ganz wertvolle, spielt in diesen Tagen eine besondere Rolle. Welch ein Schatz in der Kiste liegt, wird durch Betrachten, Anfassen und Riechen erkundet. Über die symbolische Bedeutung dieser Dinge zur Zeit der Geburt in Bethlehem wird berichtet.
Die Schatzkiste findet dann zunächst auf dem Weg ihren Platz.

7. Die Flucht nach Ägypten

Spannende Rettung
Noch einmal wird ein Reisegepäck verstaut. Das Leben des Jesuskindes ist bedroht. Es wird ein Reisebeutel gebastelt *(siehe 3. Gottesdienst)*, den die Familie mit auf ihre Flucht nehmen kann. Gewiss werden dort nur die notwendigsten Sachen zum Überleben auf der beschwerlichen Reise ihren Platz haben.
Hier sollten Brot, Tücher, Wasser, … bereitstehen. Zum Schluss wird auch noch die Schatzkiste geholt und sicher verstaut. Denn sie sichert der kleinen Familie das Überleben im fremden Land.
Der Engel und der Stern begleiten sie.

Die Rückkehr der Sterndeuter

1. Tragt ein Licht in die Welt

Lied: Licht der Liebe

Text Eckart Bücken, Melodie: Detlev Jöcker, aus: Viele kleine Leute, Menschenkinder Verlag und Vertriebs GmbH, Münster

Die Weisen sind in ihre Heimat zurückgekehrt. Gewiss wollten sie viel von dem weitergeben, was sie erfahren hatten.
Ein Licht steckt uns an, macht uns selbst zum Licht, sodass wir unsere Freude darüber nicht verstecken wollen. Deshalb nehmen wir den Auftrag an, das Licht weiterzugeben, und werden selbst zum Licht für andere!
Wir basteln Lichter und überlegen uns, wo in unserer Gemeinde ein Licht(blick) von Nöten ist (Altenheim, Asylbewerberunterkunft, Kinderklinik, ...).

Bastelanleitung Lichter
Material: Tonkarton, Transparentpapier, Schere, Bleistift, Zirkel, Kleber, Teelicht

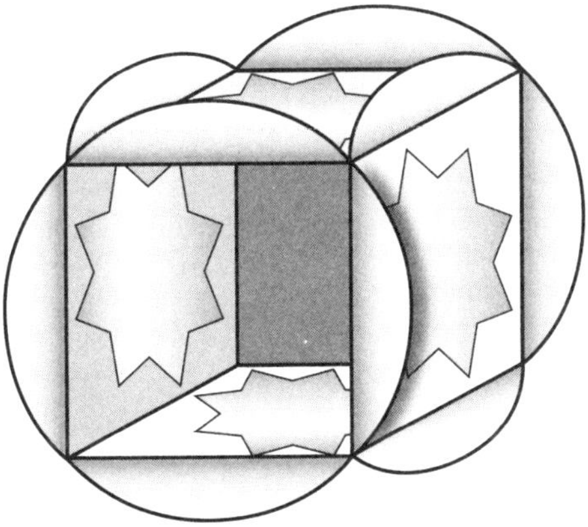

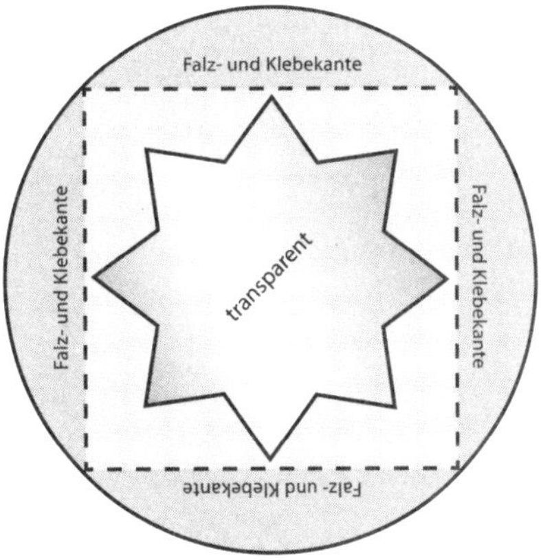

Eines dieser Windlichter stellen wir an das Ende unseres Weges.

2. Segen weitertragen

In vielen Orten werden die Sternsinger-Aktionen inzwischen ökumenisch durchgeführt. Falls es nicht möglich sein sollte, sich daran zu beteiligen, kann ein Segensspruch oder die neue Jahreslosung auch nach Hause in die Wohnungen der Familien der Kinder gebracht werden.

Stichworte:
Advent, Dunkelheit, Flucht, Reise, Stern, Sterndeuter, Vertrauen, Weihnachten, Weise

Doris Dirwald

Ergänzungseinheit
Eingeladen an Gottes Tisch – Abendmahl
(Lukas 22,7-23)

In den meisten Landeskirchen sind Kinder in der Verantwortung ihrer Eltern zum Abendmahl zugelassen. Normalerweise feiern wir im Kindergottesdienst das Abendmahl nicht. Aber die Kinder nehmen mit den Erwachsenen im Kreis der ganzen feiernden Gemeinde teil. Das entspricht dem Sinn des Heiligen Abendmahls auch besser als eine kleine »Winkelmesse« für die Kinder.
In Ausnahmefällen kann es jedoch auch vorkommen, dass auch im Kindergottesdienst Abendmahl gefeiert wird.
Dafür muss man beachten, dass die Einsetzung durch eine/n ordinierte/n Pfarrer/in geschieht oder durch eine von der Kirche dazu berufene Person.
Mit Kindern wird man in der Regel mit Traubensaft und Brot feiern. Das sollte mit der Gemeindeleitung abgesprochen sein. Für die Liturgie sind die Einsetzungsworte maßgeblich.
Wichtig ist auch, dass die Kinder im Verkündigungsteil auf das Abendmahl vorbereitet werden.
In dieser Ergänzungseinheit sollen dafür ein paar praktische Beispiele gegeben werden. Der von der Plankommission ausgewählte Text erzählt die Einsetzung des Abendmahls nach Lukas.

Liturgische Gestaltung

Votum

Ich zünde ein Licht an im Namen Gottes des Schöpfers.
Gott hat Licht in die Welt gebracht und mir den Atem eingehaucht.

Eine Kerze wird angezündet und in die Mitte gestellt.

Ich zünde ein Licht an im Namen Jesu Christi.
Jesus Christus hat die Welt errettet und mir die Hand gereicht.

Eine Kerze wird angezündet und in die Mitte gestellt.

Ich zünde ein Licht an im Namen des Heiligen Geistes.
Gottes Geist umspannt die Welt und segnet mein Leben.

Eine Kerze wird angezündet und in die Mitte gestellt.

Drei Kerzen brennen für Gott, der uns als Schöpfer, Retter und Segen begegnet, als Anfang und Ende und Ewigkeit. Amen.

Feiern – Teilen – Gedenken

Einsetzungsworte adaptiert für Kinder

Als Jesus mit seinen Freunden und Freundinnen um den Tisch versammelt war, nahm er das Brot, und als er es gesegnet hatte, brach er es und gab es ihnen und sprach:
Das ist mein Leib, der für euch gegeben ist.
Auf die gleiche Weise nahm er den Kelch nach dem Dankgebet und gab den Freundinnen und Freunden den Kelch und sprach:
Dieser Kelch ist der neue Bund mit Gott, besiegelt durch mein Blut. Nehmt ihn und trinkt alle daraus.
Wir folgen Jesu Beispiel, nehmen Brot und Kelch, durch die uns Gott segnet.

Kreative Ideen

Das letzte Abendmahl
Mit den Kindern wird das Bild »Das letzte Abendmahl« von Leonardo da Vinci betrachtet. Dieses Bild kann man im Internet finden, z.B. auch auf Sperrholz aufgezogen in den Lindenwerkstätten (*unter https://www.lindenwerkstaetten.de/godly-play/materialien-band-2-4/osterfestkreis/jesus-und-die-zwoelf-band-4/324?c=140*).
Die Kinder sammeln zunächst, was sie alles erkennen. Es wird noch nicht gedeutet. Wenn die Kinder mit ihren Beobachtungen fertig sind, wird die Geschichte des letzten Abendmahls knapp erzählt. Älteren Kindern werden die Jünger vorgestellt. Einen Schlüssel für die Zuordnung der Jünger gibt es in Godly Play, Praxisband, Osterfestkreis (herausgegeben von Martin Steinhäuser, Leipzig 2007, S. 89) oder im Internet.

Die Kinder werden eingeladen, in einem Standbild die Haltungen und die Mimik der dargestellten Jünger einzunehmen. Von ihrem Platz aus erzählen sie, wie sich der Platz in dieser Haltung anfühlt und welche Gedanken ihnen für diesen Jünger durch den Kopf gehen. Die Äußerungen der Kinder werden nicht kommentiert.
Das Standbild wird wieder aufgelöst.

In einem neuen Gesprächsgang wird von der Leitung darauf hingewiesen, dass die dem Betrachter zugewandte Seite unbesetzt ist. Das heißt, dass die Betrachter eingeladen werden, sich an diesen Tisch zu setzen. Die Kinder werden ermutigt, sich zu überlegen, welchen der freien Plätze sie wählen würden und warum. Nähe und Distanz zu Jesus von dieser Platzwahl soll von den Kindern überlegt werden. »Warum hast du dir diesen Platz ausgesucht?« Oder: »Dieser Platz ist ganz weit weg von Jesus und ganz nah bei Thaddäus und Simon. Kannst du uns sagen, warum du diesen Platz ausgesucht hast?« » Würdest du einer Person auf dem Bild gerne etwas sagen?«
Diese Überlegungen werden mit einer Einladung zur Feier des Abendmahls entweder mit den Erwachsenen oder im Kindergottesdienst (*siehe oben*) abgeschlossen.

Stichworte:
Abendmahl, Einsetzungsworte, Gemeinschaft

Eva Forssman

Register

I. Bearbeitete Bibelstellen

II. Lieder (die mit Noten abgedruckt sind)

III. Stichworte 2018

IV. Liturgische Texte/Aktionen

Zusammenkommen – sich Gott zuwenden

Hören und Antworten

Feiern – Teilen – Gedenken

Sendung – Segen

Symbole

 Basteln

 Spielen

 Werken

 Theater

 Essen

 Theologisierendes Gespräch

 Bibel

 Gestalten mit Gegenständen

 Malen

 Miteinander – aneinander

 Musik

 Material im Internet

 Rätseln